KB214354

들어라, 아이들의 외침을!

들어라, 아이들의 외침을!

초판 1쇄   2023년 11월 20일

지 은 이 _ 김인숙 이선영
펴 낸 이 _ 이태형
펴 낸 곳 _ 국민북스
편   집 _ 김태현
디 자 인 _ 서재형

등록번호 _ 제406-2015-000064호
등록일자 _ 2015년 4월 30일

주   소 _ 경기도 파주시 와석순환로 307, 1106-601 우편번호 10892
전   화 _ 031-943-0701
팩   스 _ 031-942-0701
이 메 일 _ kirok21@naver.com
ISBN 979-11-88125-52-4 03230

들어라, 아이들의 외침을!

김인숙 • 이선영 지음

국민북스

1

아동인권 100년 성적표

2

아동을 사랑하는 나라를 위해

3

아동 옹호의 역사와 아동 NGO

4

아동인권옹호가

5
아동인권옹호가가 되기 위한 교육훈련

"우리 민족 아동옹호가가 되자! "

김인숙

"우리 민족 아동옹호가가 되자!"라는 비전을 실천해야겠다는 사명으로 책을 썼다. 처음부터 이렇게 큰 비전을 품었던 건 아니다. 오랫동안 아동이 안전하고 행복한 세상을 만들기 위해 아동 NGO에서 일했다. 그러나 가장 작은 자들을 위해 노력하던 나는 번번이 아픔과 실망의 벽에 부딪히곤 했다. 어느 날 우연히 한 교회에 걸린 현판에서 "한국 민족 신자화 하자!"라는 슬로건을 보았다. '대단한 비전'이라 생각했다. 거기서 영감을 얻었다. 그때부터 '한국 민족 아동옹호가'가 되는 꿈을 꾸기 시작했다. "한 사람이 그 시대를 변화시킬 수 있다. 하지만 혼자서는 할 수 없다"는 존 폴락(John Pollock)의 말을 상기하며 '우리 민족 아동옹호가'가 되는 큰 비전이 현실이 되는 꿈을 꾸게 되었다.

우리가 사는 이 땅에는 가장 작은 자에게 가해지는 폭력과 학대,

각종 아동인권 침해 사건들이 쉴 새 없이 일어나 아동인권옹호가의 꿈을 무색케 했다. 그러나 더디긴 하지만 주변의 친구, 일터의 동료, 그리고 사회 구성원들이 아동을 바라보는 태도와 자세가 조금씩 변화하는 모습에 희망을 놓지 않았다. 아동을 향한 크고 작은 움직임들이 '우리 민족 아동옹호가 되기'의 꿈이 꿈으로 끝나지 않을 수 있다는 희망을 붙잡게 했다.

이러한 실낱같은 희망의 끈을 놓지 않을 수 있게 한 또 다른 이유가 있다. 정부와 지방자치 단체의 움직임이다. 전국의 시·군·구가 연대하고 협력하여 아동이 안전하고 행복한 지역사회 만들기 운동이 시작되었다. 2013년 서울시 성북구가 최초의 아동 친화 도시로 인증받았다. 유니세프 아동 친화 도시 인증 사업이 점진적으로 진행되고 있다. 2022년 12월 현재 총 81개 도시가 인증을 받았다. 현재 인증을 위해 준비하고 있는 도시의 수는 총 35개로 늘어나고 있다. 서울특별시를 비롯한 많은 지방정부가 아동 친화 도시 인증을 받고 아동옹호 활동을 하고 있다. 아직 인증받지 않은 지자체들도 아동 친화 도시 인증을 준비하고 있다. '우리 민족 아동옹호가'가 되는 꿈을 버리지 않게 하는 매우 중요한 변화다. 정부는 아동보호 체계를 굳건히 하고 필요한 법률을 제정하고 개정한다. 아동을 위한 정책이 계속 입안된다.

그럼에도 우리는 각종 언론 매체 속에서 거의 매일 힘없고 작은 아이들이 대책 없이 당하는 폭력과 착취, 학대와 방임을 비롯한 각종 차별과 무시, 혐오로 채운 기사를 마주하곤 한다. 우리 사회는 지금 나름 애쓰고 있으나 아이들을 온전히 안전하게 보호하는 데 실패하고 있다. 우리 모두의 책임이다. 우리가 함께 마음을 모아 우리 아이들을 지키고 보호하려는 강한 의지와 세심한 관심이 없다면 아동의 안전과 행복을 지킬 수 없다. 아동 친화 환경 조성과 아동옹호 문화를 조성하는 것에 마음을 다해야 하는 시급한 때다. '아이의 울음소리를 남의 일로 지나쳐버리지 않는 문화'를 만들어야 한다. 단 한 명의 아이도 놓치지 말아야 한다. 한 아이의 생명을 지키기 위해 눈 똑바로 뜨고 귀를 세우는 것이 우리 모두의 사명이어야 한다. '우리 민족 아동옹호가 되기'가 어느 한 사람의 비전이 아닌 우리 모두의 비전이 되어야 하는 까닭이다. 이것이 우리가 이 책을 내는 이유이고 명분이다.

이 책은 두 사람이 함께 썼다. 우린 아동인권옹호 현장에서 만났다. 두 사람이 한 사람보다 낫기에 우리가 같은 방향을 보고 있음을 감지하는 순간, 동역자가 되었다. 크고 작은 일에 함께 뜻을 모았다. 한국 땅에 태어난 아이들을 어떻게 안전하고 행복한 성인으로 양육하고 교육할지 함께 고민했다. 쉽고 재미있고 유익한 아동인권 교육 프로그램으로 가르치고 훈련했다. 많은 사람이 아동옹호 활동에 참여하도록 애썼다. 우리의 목적을 이루어 보려고 함께 쓴 첫 번째 책이 『가장 작은 자를 위한 약속』(국민북스)이다. 우리는 이 책을 함께 쓰면서 13살 소년 트레버를 만났다. 트레버는 2001년 미국에서 미미 레더 감독이 만든 영화 『아름다운 세상을 위하여』(Pay It

Forward)의 주인공이다. 트레버가 다니는 학교에 새로 부임한 유진 시모넷 선생으로부터 트레버는 새 학기 첫 시간에 특별한 과제를 받는다. '세상을 바꿀 아이디어를 찾아 실천하기'란 과제다. 이제 막 열세 살의 중학교 1학년 소년들은 과제를 받고 황당한 표정을 짓는다. '세상을 바꾼다고? 우리가? 어떻게?' 그러나 트레버의 눈은 빛난다. 진지하게 고민하며 나름의 전략을 세운다. 어떻게 하면 이 세상이 아름다운 세상으로 바뀔 수 있을까? 트레버는 기발한 생각을 바로 실행에 옮긴다. "내가 먼저 세 사람에게 착한 일을 하면 그 세 사람이 각각 다른 세 사람에게 좋은 일을 한다. 이렇게 선한 의도가 계속 퍼져나가면 결국 이 세상은 서서히 아름다운 세상으로 바뀔 것이다." 트레버는 그가 착안해 낸 생각이 실현 가능하다고 믿고 어려움에 처한 세 사람에게 도움의 손길을 펴서 '아름다운 세상' 만드는 일의 첫발을 딛는다.

'우리 민족 아동옹호가 되기'를 큰 비전으로 마음에 간직한 우리 두 사람도 "그게 가능해?"라는 주변의 황당한 시선과 마주하며, 우리 자신도 불가능한 일은 아닐까 고민하다가 결국 우리의 13살 친구 트레버의 전략을 소환하게 되었다. 트레버가 그랬듯이 우리도 아주 작은 일부터 시작하자고 결단하며 길을 떠났다. 긴 여정이 될 것이다. 환경이 바뀌고 문화가 달라지는 일이다. 그러나 절대 불가능하지 않다는 믿음을 버리지 않았다.

동화의 나라로 알려진 덴마크는 유엔이 해마다 발표하는 인류 행복 지수에서 세계 250개국 중 매년 상위권에 들어가는 나라로 유명하다. 국민이 가장 행복한 나라로 꼽는 이유를 덴마크인들이 실천하는 '얀테의 법칙'(Jante Law)에서 찾아볼 수 있다. 얀테의 법칙은 '비차별 문화'를 형성하는 핵심 가치로 그 나라에 자리 잡았다. 얀테의 법칙이 온 국민의 가치관과 생활 원칙에 깊이 뿌리내리고 있기에 비차별의 문화가 조성되었다. 덴마크에는 우등생과 열등생의 구별이 없다. 사람들은 서로 비교하지 않는 문화를 형성하기에 모두 행복할 수 있다는 것이다. 잘난 사람 못난 사람 구별이 없다. 더 중요한 사람, 덜 중요한 사람의 구별이 없는 나라를 만들고 있다는 말이다. 자기가 특별한 사람이라거나, 다른 사람보다 좋은 사람이라거나, 우월한 사람이라며 자만하는 사람은 견디기 어려운 문화를 이루어 모두 평등하고 평화롭게 산다고 한다.

"우리도 할 수 있다!"

아동을 존중하는 문화, 서로 배려하고 상호 존중하는 문화의 나라가 될 수 있다고 믿는다.

그런 소망으로 우리 모두 아동옹호가 되자!

이 책은 크게 두 개의 부분으로 나뉜다. 전반 1부는 "우리 아동인권 100년 성적표"란 제목을, 2부는 "아동을 사랑하는 나라를 위하여"란 제목을 달았다. 후반 3부에서는 아동옹호의 역사와 아동 NGO에 대해 다뤘다. 4부에서는 우리가 만날 수 있는 아동인권옹호가들을 소개했고 마지막 5부에서는 아동옹호가가 되기 위한 교육과 훈련에 대해 정리했다. 우리 모두가 아동옹호 분야에서 전문가가 되어야 하는 건 아니다. 우리는 아동옹호가이면 된다. 아이들을 사랑하고 그들의 편이 되어주는 옹호가면 족하다. 다만 아동이 안전하고 행복하게 살 수 있도록 없는 길을 만들고 앞장서서 옹호가들을 이끌어 주는 아동옹호 전문가는 반드시 필요하다.

아동옹호 전문가가 되기 위해서는 교육과 훈련, 앞장서서 나갈 수 있는 용기와 리더십이 필요하다. 그러나 우리 모두 '아동옹호가'가 되기 위해서는 아동에 대한 관심과 이해, 사랑, 그리고 이웃집 담을 넘어오는 아동의 울음소리를 분별할 수 있고 대응할 마음이 있기만 하면 된다. 그러면 아동을 위험에서 건질 수 있다. 언제나 아동과 대화하며 일상의 사소한 일도 지나치지 않고 살펴 어려운 일에 대비하고 예방하려는 마음가짐이 필요하다. 한 생명을 귀히 여기는 마음을 갖는 것이 중요하다. 아동은 그 누구의 소유도 아닌 독립된 인격체이며, 인간의 존엄함을 타고났기에 존엄성을 존중받아야 마땅한 존재라는 사실을 명심하는 사람이면 된다.

"우리 모두 아동옹호가가 되자!"

어떤 어른도 아이들이 먼저 떠나는 걸 보면 안 된다!

이선영

아동권리를 옹호하는 일을 하게 되면서 가장 관심을 갖고 살펴본 자료는 아동 사망 원인에 관한 통계였다. 일찍 떠나지 않아도 될, 일찍 떠나면 안 되었을 아동들의 소식을 들을 때마다 미약한 힘으로나마 뭐라도 해야겠다는 책임감이 느껴지기 때문이다. 우리나라 아동, 청소년들의 주요 사망 원인은 교통사고, 질병, 자살, 학대 등인데 아무리 생각해도 그 수치가 비현실적이고 가혹하게 느껴졌기 때문이기도 하다.

그동안 인류는 아동의 생명을 성인과 동등하게 존중하고, 아동을 존엄한 존재로 인식하는 방향으로 발전해왔다. 아동을 부모의 소유물, 미숙한 존재로 여겨 과한 노동을 시키거나 전쟁에 동원했던 안타까운 역사도 있었지만 아동이 어떤 존재인지에 대한 사회적 합의를 제고해왔다. 특히 영아 사망률을 줄이기 위해 전 세계가 공동 목표를 설정해 관리해 왔고 전쟁과 위기 상황 등에서 아동을 최우선적으로 보호하기 위한 약속들을 맺어왔다. 우리나라 역시 아동을 존엄한 존재로 인식해 온 역사가 길다. 어린이날을 제정하고 아동의 권리를 선언한 시점부터 짧게 셈해보더라도 100년이 넘는 역사를 가진 나라이다.

그럼에도 불구하고 비현실적인 수치, 가혹한 소식들은 계속 들려온다. 그리고 그 사건들 뒤에는 어김없이 무관심하고 무책임했던 어른들이 존재한다. 방과 후 집으로 돌아가던 아이가 교통사고를 당하는 그 날이 오기 훨씬 전부터 어른들은 불편하다는 이유로 등하굣길 안전 펜스 설치를 반대해왔다. 서울에 엄청난 비가 쏟아지고 반지하 집에서 살던 아이가 밖으로 빠져나오지 못한 사고가 발생하기 훨씬 전부터 어른들은 열악한 주거환경이 아동의 생명을 위협하고 있다는 사실을 잘 알고 있었다. 한국 청소년들의 사망 원인 1위가 수년째 자살이며, 보호자에 의한 학대 사망 사건이 지속적으로 발생하고 있는 현실 역시 수많은 보도를 통해 온 국민이 함께 목격하고 있다. 경제 수준뿐 아니라 거의 모든 분야에서 선진국으로 자리매김한 한국이 아동을 어떻게 대하고 있는지 이런 현실 속에서 그대로 드러나고 있다.

세계적인 정치철학자인 마사 누스바움(Martha Nussbaum)은 인간의 기본적인 권리를 역량의 관점에서 정의하며 최소한의 정의가 존재하는 사회라면 모든 시민이 최소한의 기본 권리를 누릴 수 있는 기회를 보장받아야 한다고 했다. 그가 정리한 열 가지 핵심 역량 중 첫 번째가 '생명'이고 일찍 사망하거나 정상적인 삶이 불가능할 만큼 초라해지지 않는 상태로 평균 수명까지 사는 것이다. 우리 사회는 이미 누구나 일찍 사망하지 않고 살 수 있도록 많은 노력을 하고 있다. 질병으로부터 생명이 위협받는 것을 막기 위해 의료 기술을 발전시켜 왔고 대부분의 아이들은 태어나자마자 예방 접종을 시작한다. 아이들이 꼼꼼하게 면역을 형성하도록 돕고 성장 발달 과정을 정기적으로 점검한다.

그런데 그렇게 잘 성장하던 아이가 횡단보도를 건너다가 신호를 지키지 않은 운전자의 차에 갑자기 치이기도 하고 어른의 폭력 때문에 숨이 멎기도 한다. 사람의 힘으로 막을 수 없을 것 같았던 치명적인 질병에서조차도 보호받을 수 있었던 아이가 온전히 사람 때문에 허무하게 생명을 잃는다. 전쟁도, 재난도, 병도 아닌 사람 때문에 마사 누스바움이 첫 번째 핵심 역량으로 정의한 일찍 사망하지 않을 권리를 누리지 못하는 것이다. 인간의 평균 수명을 결정하는 것이 의학의 발달, 기술 개발만이 아니라는 사실, 특히 아동의 수명을 결정하는 요인은 더더욱 기술의 문제가 아니라는 현실에 대한 깊은 성찰이 필요하다.

아동의 권리를 옹호하는 일이 아동의 생명을 지키는 일에만 매달려야 하는 것은 당연히 아니다. 그럼에도 불구하고 사망 원인에 대한 통계를 들여다보며 문제를 해결하기 위해 우리가 힘을 모아야 한다고 생각하는 이유는 아동의 생명을 대하는 우리 사회의 자세가 아동권리의 현주소이고, 아동권리에 대한 감수성을 보여주는 지표라는 생각에서다. 그리고 우리나라는 절대로 아이들의 죽음에 눈 하나 깜짝하지 않는 그런 매정한 사회가 아니라는 믿음이 있기 때문이다.

영화 『인터스텔라』(Interstellar)에는 시공간을 초월해 미래로 온 아빠가 이미 나이가 들어 임종을 앞둔 딸을 만나는 장면이 등장한다. 딸은 자신을 만나러 온 아빠에게 "어떤 부모도 자식이 떠나는 걸 보면 안 돼요"라고 말하며 아빠를 병실 밖으로 내보낸다. 이 대사를 "어떤 어른도 아이들이 떠나는 걸 보면 안 된다"로 바꾸어 보고 싶다. 어떤 어른도 아이들과의 갑작스러운 이별을 당연하게 생각하지 않기를, 어떤 어른도 수백 년간 인류의 지혜로 지켜온 아이들의 생명을 허망하게 놓치지 않기를 바란다. 그 간절한 마음들을 모으는데 이 책이 티끌만큼의 보탬이라도 될 수 있길 바란다.

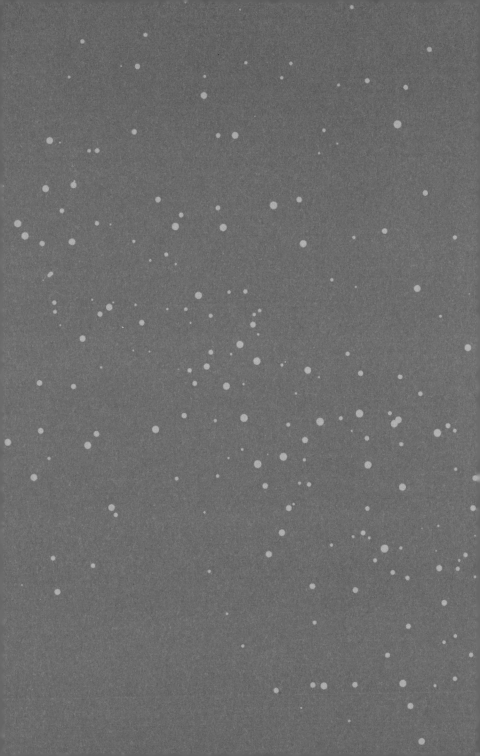

01

아동인권 100년
성적표

이선영

아이들이 먼저라는 감각

셀 수 없이 많은 뉴스가 쏟아지는 속에서도 유난히 기억에 남는 기사가 하나 있다. 몇 해 전 짧게 보도된 기사로 서울의 한 아파트에서 화재가 발생했을 때, 경비원들이 그 아파트 1층에 있는 어린이집 아이들을 제일 먼저 대피시켰다는 내용이다. 그분들에게 이유를 묻자 "아이들이 제일 먼저이기 때문"이라고 답했다 한다. 아파트 경비 매뉴얼 또는 공동주택관리법에 "아이들을 먼저 구하라"고 적혀 있을 리 없겠지만 아이들이 먼저라는 생각과 행동을 당연하게 했다는 이야기에 너무나도 반갑고 감사한 마음이 들었다.

어떠한 일을 결정하거나 실행할 때, 아이들에게 가장 좋은 방향으로 선택하라는 원칙은 사실 세계 거의 모든 나라들이 약속한 국제법 '유엔아동권리협약'에 정확히 명시되어 있다. 그리고 그 약속을 이행할 책임은 그 나라의 모든 사람들, 특히 어른들에게 있다. 하지만 이 약속은 대부분 잘 지켜지지 않는다. 심지어 아동과 함께 일하는 사람들, 아동을 보호해야 할 1차적인 책임을 져야 할 이들조차도 이 원칙을 제대로 지키지 못한다.

몇 해 전, 한 아동이 보호자의 폭력으로 사망한 이후 아동단체들과 많은 전문가들이 모여 진상조사를 하고 그 결과를 바탕으로 아동학대예방을 위한 특례법 제정을 이끌어냈다. 아동학대 조기 발견을 위해 예방체계 강화, 체벌에 대한 인식 개선 등 많은 제도가 개정되었다. 하지만 그 약속은 제대로 지켜지지 않았고 이후로도 심각한 아동학대 사건은 계속되고 있다. 법에 적혀 있는 문장들은 아이들에게 좋은 방향으로 바뀌었지만 아동이 살아가야 하는 세상 속 어른들의 감각은 크게 달라지지 않았다. 체벌금지법이 제정되었지만 체벌이 자녀에 대한 훈육이라는 오래된 감각, 남의 집안일이라는 잘못된 인식들이 더 강력히 작동하고 있다.

아동학대뿐 아니라 아동과 관련된 대부분의 상황이 비슷하다. 아동은 쉽게 뒤로 밀리고 때로는 잊히기도 한다. 심지어 아동이 가장 중요한 이해관계자인 아동 정책이 결정될 때도 아동의 관점이 아니라 성인의 관점이 주로 반영된다. 법과 제도만으로는 아이들을 지킬 수 없다. 집, 학교, 길에서 아이들 곁에 있는 것은 법이 아니기 때문이다.

대부분의 성인들은 어른들에게 편리하게 만들어진 세상에서 자신들의 관점으로 세상을 바라보며 살고 있다. 그리고 성인들은 같은 세상에서 아이들이 함께 살고 있다는 것을 자주 잊는다. 아이들이 건강하게 살아가기 위해서는 불길이 솟구치는 걸 보자마자 가장 먼저 보호해야 할 사람을 위해 몸을 움직였던 그 아파트 경비원과 같은 감각을 가진 성인들이 아이들 곁에 있어야 한다. 모든 어른들이 아동이라는 존재를 기억하고 아이들을 먼저 생각하는 감각을 키워야 한다. 아이들을 위협하는 화재와 사고는 어디서나 발생할 수 있기 때문이다. 때로는 진짜 불일 수도 있고 보이지 않는 불씨가 아이들을 위협하고 있을 수도 있다.

스쿨존에서 특별히 불법 주차를 강력히 단속하는 이유는 작은 체구의 아이들이 불법 주차로 인해 노출될 수 있는 위험이 성인들의 그것과는 완전히 다르기 때문이다. 아이들의 눈으로 보지 않으면 이런 작은 불씨를 발견할 수 없다. 하지만 아이들에 대한 감각은 법에다 적을 수도 없고 매뉴얼로 만들기도 어렵다. 자연스럽게 익히고 꾸준히 노력하며 감각을 키우는 수밖에 없다.

우리가 한때 어린이였기 때문에, 그리고 늘 아이들과 함께 살고 있기 때문에 아이들에 대해 따로 생각하거나 고민해야 할 필요를 못 느끼기 쉽다. 하지만 우리는 아이들에 대해 더 많이 이야기하고 아이들에게 더 좋은 방향으로 결정한다는 것이 무언가에 대해 계속 고민해야 한다. 이 책의 각 장에서 던지는 화두들과 함께 우리 사회 곳곳에서 더 많은 이야기들이 시작될 수 있기를 바란다.

우리는 아이들을 미워하는 것일까?

지금 우리가 살고 있는 세상에 아이들이 없다고 상상해보면 어떨까? 집집마다 있는 아이, 동네에서 뛰어노는 아이, TV에 나오는 아이들 모두가 사라진다면 놀이터, 어린이집, 학교도 모두 사라지고 산부인과, 소아과도 사라질 것이다. 생명의 탄생이 주는 경이로움과 행복이 사라지고 아이를 키우고 돌보며 울고 웃는 어른들의 일상도 함께 사라질 것이다. 아이들의 생각, 목소리, 아이들의 노래도 사라진다. 그렇게 어른이 떠나도 이곳에 남아 삶을 이어갈 아이들이 사라지고 나면 세계가 지속 가능해야 할 이유도 함께 사라질지 모른다.

이 상상은 이미 현실이다. 아이들이 사라지는 세상은 이미 시작되었다. 소풍 가고 싶다며 울던 아이가 매 맞아 사라졌고 입양으로 새 가족을 만난 아이는 학대로 사라졌다. 학교 폭력으로 남몰래 울던 아이, 일터에서 괴롭힘을 당하던 아이는 스스로 사라짐을 택했다. 태어날 아이들도 사라지고 있다. 출산율은 세계 최하위이고 이대로 가다가는 대한민국이 사라질 거라는 이야기까지도 들려온다.

그동안 어른들이 상상해왔던 아이 없는 세상은 어떤 모습일까? 어른들은 이미 아이 없는 세상을 상상하며 미래를 걱정해왔다. 저출산 고령화로 인해 사회적 비용이 증가하고 경기가 침체된다며 우려하고 있고 생산가능 인구가 줄어들면 미래 성장 동력을 발굴할 수 없다고 걱정한다. 이렇게 출산율 감소를 걱정하며 이를 높이기 위해 고심하는 모습을 보면 언뜻 우리나라가 아이들이 세상에 오길 기다리는 것처럼 보이지만 막상 세상은 아이들을 환대하지 않는다. "대한민국이 아동을 혐오하는 나라라는 인상을 받았다." 유엔아동권리위원이 한국 아동의 인권 상황을 파악한 후에 했다는 이 말은 이런 현실을 그대로 반영하고 있다. 우리는 정말 아이들을 미워하는 것일까?

누군가를 열등하다고 생각하며 배제하는 것, 나와의 경계를 확실하게 하는 것을 혐오라고 정의한다면 우리나라는 아동을 미워한다는 말이 맞다. '노키즈존' 카페나 식당을 찾는 것이 어렵지 않고 숙제를 하며 오래 앉아있다는 이유로 중고등학생의 출입을 제한하는 장소도 많이 있다. 심지어 아이들이 즐겨 보는 애니메이션을 상영하는 극장에서조차 아동과 함께 영화를 보고 싶지 않다는 성인들의 불만이 터져 나온다.

개별적 특성을 존중하기보다 동질의 정체성을 가진 존재로 규정하고 획일화하는 것을 혐오라고 한다면 우리 사회는 아동을 혐오하는 것이 맞다. 미디어에서 '귀엽고 예쁜' 아이들이 항상 등장해 시청자들의 사랑을 받지만 '항상 귀엽지도 않고 항상 예쁜 짓만 할 수 없는' 현실 속 아이들은 시끄럽고 귀찮은 존재가 된다.

누군가를 나와 똑같이 존엄한 존재로 보지 않고 더 낮은 위치로 끌어내리는 것이 혐오라면 우리는 아이들을 혐오하고 있는 것이 맞다. 부모의 징계권에 대한 논란이 있을 때마다 정부는 사회적 합의가 필요하다고 이야기해왔다. 누군가를 때려도 된다고 오인되는 법을 바꾸기 위해서 사회적 합의까지 필요한 존재가 아이들 말고 또 있을까?

유엔아동권리위원회 심의과정에서 한국의 아동들이 혐오의 대상이 되고 있다고 우려한 배경은 사실 더 참혹하다. 가습기 살균제 피해 아동, 세월호 사건, 학생들의 제보로 터져 나온 스쿨미투, 학업 스트레스로 인한 자살과 우울증 증가, 스쿨존 내 교통사고 사망률, 베이비박스에 유기되는 아동에 이르기까지 일상적 폭력과 위험에 노출되어있는 아이들, 존재 자체를 부정당하고 있는 아이들의 현실이 우리나라를 아동을 혐오하는 나라로 보이게 한 것이다.

우리는 어쩌다가 아이들을 미워하는 나라라는 말까지 듣게 된 것일까? 아이들을 어떻게 사랑할 것인가에 대해 고민하기 전에 아이들을 왜 사랑해야 하는지부터 이야기해야 하는 상황은 아닌지 우려스럽다. 한국의 아동권리협약 이행 상황을 점검했던 그 자리에서 유엔아동권리위원들이 한국의 NGO 활동가들에게 이런 질문을 했다고 한다. "아이들의 옆에 누가 있나요?", "당신들은 아이들을 위해 무엇을 하고 있나요?"

'누구나 어린이였지만 그것을 기억하는 어른은 별로 없다'는 『어린왕자』 속 문구처럼 어른은 누구나 어린이였다. 인간은 동물 중에서 가장 성장이 더디고 의존도가 높기 때문에 타인의 보살핌 없이는 생존할 수 없다. 그리고 아이들은 누구나 그 취약한 시기를 지나 어른이 된다. 자신이 스스로 목도 못 가눌 때 먹여주고 재워준 사람이 있었기 때문에, 위험한 상황이 되면 말려주는 어른이 있었기 때문에, 시끄럽게 놀아도 적당히 봐주던 동네 어른들이 있었기 때문에, 손을 들어 올려 내가 여기 있다고 표시를 하면 자동차를 멈추는 사람들이 있었기 때문에 어른이 될 수 있었다.

"왜 아이들을 사랑해야 할까?" 이 질문이 필요한 사회라면 누구도 안전하지 못한 사회, 누구도 존중받지 못하는 사회일 것이다. 가장 약하고 작은 자, 이 사회에 대한 책임이 가장 적은 자에게조차 인색한 세상이라면 이곳에서 환대받을 수 있는 사람은 과연 누구일까? 어른들이 기억하지 못하는 어린 시절의 많은 순간 속에 아동을 혐오하지 않는 어른들이 함께였던 것처럼 지금의 어린이들에게 아동을 미워하지 않는 어른이 필요하다. '아이들은'이라는 동요에는 이런 노랫말이 있다.

"어른들은 모를 거야. 아이들이 해인 것을. 하지만 금방이라도 알 수 있지 알 수 있어. 아이들이 잠시 없다면… 낮도 밤인 것을. 노랫소리 들리지 않는 것을"

밝은 멜로디의 이 노래가 슬픈 노래가 되지 않으려면, 낮을 기다릴 수 없는 밤의 시간을 보내지 않으려면 어른들은 알아야 한다. 아이들이 해라는 것을. 잠시라도 아이들이 없어서는 안 된다는 것을. 너무 늦지 않게 알아차려야 한다. 그리고 그것을 위해서 유엔아동권리위원이 했던 질문으로 돌아가야 한다. 지금 아이들 곁에 누가 있는가, 우리는 아이들을 위해 무엇을 하고 있는가.

귀엽거나 안타깝거나

아이들이 환대받지 못하는 세상이라고 표현했지만 공개적으로 아이를 미워하거나 아동이라는 존재를 의도적으로 차별하는 사람들이 많아 보이는 것은 아니다. 주의를 둘러봐도 많은 사람들이 아이들이 안타까운 상황에 놓이면 기꺼이 돕고 아이들의 문제를 나의 일처럼 나서서 해결하려고 하기도 한다. 방송을 통해 아이들 보기를 좋아하는 사람들이 많아서인지 육아 예능은 다양한 방송사에서 여러 가지 형태로 방영되고 있다. '아동친화'라는 이름을 내건 지자체와 기업들도 계속 늘어나고 있다. 그럼에도 불구하고 "우리나라가 아이 키우기 좋은 나라인가?"라는 질문에 자신 있게 대답할 수 있는 사람이 많을지는 의문이다. 계속 떨어지고 있는 출산율이 그 대답 중 하나일 것이다.

아동에 대한 관심과 이야기는 늘어나는 듯 보이지만 실제로는 아이들이 사라지고 있는 이유가 무엇일까? 우리가 아동을 만나는 방식, 우리 사회에서 아동이 존재하는 방식에 대해서 살펴볼 필요가 있다. 특히 미디어를 통해 재현되는 아동들의 모습을 살펴보면 주로 '귀엽거나', '안타깝거나', 그리고 '학생'이거나, '돌봄을 받는 존재'로 그려진다. 하루에도 몇 차례씩 마주치는, 아동에 대한 도움을 호소하는 캠페인과 후원을 독려하는 방송 프로그램 속 아이들은 한없이 안타깝다. 반면 TV 프로그램 속 유명인의 아이들이나 아동 연예인들은 한없이 사랑스럽고 귀엽다.

아동에 관한 일이 사회적으로 관심을 받을 때는 대부분 돌봄 제도에 관한 것이거나 입시를 비롯한 교육 관련 문제일 경우다. 선거 때마다 후보들이 내거는 아동 공약은 주로 이 영역에 국한된다. 정부의 아동 예산 대부분도 돌봄과 교육 예산이다. 아동은 주로 '자녀', '학생'의 정체성으로 사회에 존재한다.

어떤 사람에게 특정한 이미지와 역할이 부여되고 이것을 벗어나는 존재에 대해 사회가 잘 알지 못하거나 이해하지 못한다면, 그 자체가 그 사람에게는 차별과 폭력이 될 수 있다. 그리고 아동을 어떤 존재로 인식하는지, 어떻게 바라보는지에 따라 아주 사소한 일이 아동의 생존권을 위협하는 심각한 문제로 연결될 수 있다. 귀엽거나 불쌍한 아이들, 공부만 하거나 부모님의 돌봄만 잘 받으면 되는 아이들에게는 특별히 의견을 물어보거나, 그들의 몫을 별도로 떼어줄 필요가 없기 때문이다.

우리 주위를 조금만 살펴보면 아이들의 몫이 없는 장면, 공간을 쉽게 찾을 수 있다. TV에서 아이들이 주인공이었던 프로그램은 점점 사라지고 어린이가 어른들의 관찰 대상이 된 프로그램이 늘어나고 있다. 마을에서는 골목 놀이터가 사라지고 사유재산인 아파트 놀이터가 늘어가고 있다. 도시에서 아이들의 노는 소리는 소음이 되었고 도시의 발전을 위한다며 통학로가 사라지기도 한다. 아이들은 깨끗하게 포장된 자동차 도로 옆으로 아슬아슬하게 학교에 가야 한다. 누군가의 자녀이거나 학생이 아니라면 '학교 밖', '가정 밖' 아이들로 분류되어 자신의 존재를 설명하기도 힘들어 진다.

아이들을 미워한다고 말하는 사람들은 없는데 아이들은 충분히 미움받고 있는 것처럼 보인다. 이런 세상 속에서 아동의 존재는 점점 보이지 않게 되거나 보고 싶지 않은 존재가 된다. 하지만 아이들을 귀여워하고 기꺼이 온정을 베풀어온 사람들, 아이들의 돌봄과 학업 성취를 위해 신경 쓰고 있는 어른들은 이 사실을 눈치채기 어렵다.

아이들에게는 온전한 자신의 자리, 각자의 몫이 있는 세상, 귀엽거나 불쌍하지 않아도 충분한 관심과 지원을 받을 수 있는 세상, 입시 공부를 하지 않아도 응원받을 수 있는 세상, 소위 정상적이라고 생각하는 가정에 살지 않아도 괜찮은 세상이 필요하다. 그리고 그런 세상을 위해서는 아이들 곁에서 아동의 문제를 발견하고 그들의 관점에서 함께 해결할 수 있는 사람이 필요하다. 그 시작은 우리의 삶속에서, 나의 주변에서 아이들의 존재를 다시 바라보고 발견하는 것이다. 아이들이 계속 세상에 온다는 것이 당연하지 않을 수 있다는

위기감 속에서 익숙했던 시선 대신 아이들의 시선으로 사회를 살펴
봐야 한다.

폭력으로부터 안전할 권리

세계인권선언 1조에는 이 선언이 '모든 사람'을 위한 것임이 명시되어 있다. 그럼에도 불구하고 아동만을 위한 협약인 '유엔아동권리협약'이 1989년 별도로 제정되었다. 아동이 성인과 동등한 존엄성과 평등하고 절대적인 권리를 갖는 것은 당연하지만 신체적·정신적 발달 단계에 있는 아동에게는 특별한 보호와 도움이 필요하다고 인정했기 때문이다. 어리다는 이유로 어른보다 적은 몫의 권리를 주기 위해서가 아니다. 그런데 우리 사회에서는 아동에 대한 고려가 특별한 보호가 아닌 차별로 작동할 때가 있다.

아동에 대한 폭력을 대하는 모습에서도 나타난다. 사람이 사람을 때리면 폭행이라고 하지만 부모가 아이를 때리거나 교사가 학생을 때리면 체벌, 훈육, 학대라는 특별한 이름을 붙이는 것처럼 말이다. 폭행 현장에는 경찰이 출동하는데 부모가 아이를 때리면 민간기관

사회복지사가 갔던 것도 같은 맥락이다. 불법행위를 했는데 공권력이 없는 사람에 의해 주의를 받는 범죄가 아동학대 말고 또 있을까? 만약 환경을 파괴하는 범법을 저질렀는데 환경단체 활동가가 찾아온다면 그 행위의 위법성과 심각함을 제대로 느끼기는 힘들 것이다. 실제로 아동학대 현장에서는 아동학대 의혹을 받는 피조사자들이 조사를 거부하거나 조사원을 폭행하는 등 민간 조사의 한계가 수없이 드러났다. 제도 변화에 대한 목소리가 커지자 2020년이 되어서야 아동학대 신고 시 공무원과 경찰이 출동하도록 하는 제도로 바뀌었다. 하지만 인력 문제, 부족한 전문성 등으로 인한 현장의 혼란은 계속되고 있다.

우리나라의 아동학대 발생 건수는 해마다 늘어나고 있다. 2022년 신고 접수는 4만여 건, 아동학대 사례는 2만여 건에 이른다. 아동학대특례법 등 관련 제도가 수시로 신설, 보완되고 있고 자녀 체벌의 근거로 오인되던 민법상 징계권 조항이 2021년에 마침내 폐지되었지만 학대 발생을 줄이지 못하고 있는 현실이다. 아동학대로 인한 사망자 수는 2016년 16명에서 2022년 50명으로 크게 늘었다. 하지만 학대로 인한 사망은 정부의 공식 통계보다 최대 4.3배 많이 발생한다는 법의학 연구 결과를 참고한다면 실제 피해 규모는 더 클 것으로 보인다. 아동 변사사건 1천여 건의 부검 자료를 전수 조사한 이 연구에 따르면 2015~2017년 3년간 최대 391명에게서 학대와 관련된 정황이 나왔다. 하지만 같은 기간 정부가 공식 집계한 아동학대 사망자는 90명이었다.

유엔아동권리협약에는 '아동 최상의 이익'(Best interest of child) 원칙이 있다. 아동과 관련된 모든 활동 또는 결정에 있어 아동 최상의 이익을 최우선으로 고려해야 한다는 것이다. 하지만 아동학대를 대하는 사회의 태도에서 이 원칙이 지켜지는 모습은 잘 보이지 않는다. 특히 국가의 자원이 어느 분야에 주로 사용되는지를 살펴보면 그 사회가 중요하다고 생각하는 정책과 대상을 알 수 있는데, 아동은 후순위로 밀려있는 모습이다. 협약에는 아동권리 실현을 위해 가용자원의 최대한도까지 조치를 취해야 한다는 국가의 의무가 명시되어 있지만 우리나라의 국가 예산 대비 아동·가족복지예산의 비율은 OECD 평균에 한참 못 미치는 수준이다. 게다가 보호 대상 아동을 위한 예산 상당 부분을 일반회계가 아닌 범죄피해보호기금, 복권기금 등으로 충당해 안정적인 재원 마련과 사업 추진에 어려움을 겪기도 했다. "아동복지 예산 확보를 위해 복권이 많이 팔리기를 기대해야 하냐"는 비판과 현장의 지적이 지속되자 2022년부터 일반회계로 전환되었다.

아동학대 사건이 발생할 때마다 정부에서 대책을 쏟아내는 것처럼 보이지만 막상 피해 아동 지원을 위한 치료비, 쉼터 등 인프라 구축을 위한 예산은 턱없이 부족하다. 아동 폭력이 발생하면 사회는 주로 개별 사건에 주목하고 가해자에 대한 처벌, 형량 등에 관심을 쏟는 경향이 있다. 하지만 아동의 입장에서 바라본다면 가장 중요하게 고려해야 할 것 중 하나는 피해 아동의 회복이다. 아동권리협약 39조는 폭력에 희생된 아동의 신체적, 심리적 회복 및 사회 복귀를 촉진하기 위한 모든 적절한 조치를 취해야 할 국가의 의무를 명시하고 있다. 하지만 피해 아동에 대한 지원은 아동이 회복될 때까지 충분히 뒷받침되지 않는다. 지원받을 수 있는 기한, 서비스의 방식도 매우 제한적이기 때문에 피해자들이 어려움을 겪고 있다. 이런 이유로 아동복지기관에는 상담 치료 비용 후원을 요청하는 폭력 피해 아동의 사례가 많이 접수된다. 피해자가 자신의 피해를 스스로 증명해 민간에 도움을 요청하고 지원 여부가 결정될 때까지 불안해해야 하는 안타까운 상황이 계속되고 있다.

아동 폭력을 보도하는 언론의 태도에서도 아동의 이익이 우선적으로 고려되고 있지 않다는 것을 확인할 수 있다. 피해자인 아동의 사진과 개인정보를 공개하는 것뿐 아니라 사건 해결 및 예방과 관계없는 가해자에 대한 자극적인 정보들을 노출시켜 소위 '클릭 장사'를 하고 있다는 비판을 받고 있다. 심지어 2021년에 발생했던 구미 아동학대 사건을 보도하면서 마치 수사 게임을 벌이는 듯 사건을 실시간 중계하고 선정적, 경쟁적으로 보도하기도 했다. 언론과 네티즌들이 사망한 아동과 실종된 아동의 친모가 누구인지 DNA 추리를 하고 있는 동안 발견되지 않은 아동에 대한 이야기는 점점 사라져갔다. 한국기자협회는 인권보도준칙 전문을 통해 "언론은 인권 문제를 적극 발굴·보도하여 사회적 의제로 확산시키고 인권보장을 위한 제도가 정착되도록 여론형성에 앞장선다"고 밝히고 있다. 언론이 이 약속을 지킨다면 언론 보도는 당연히 아동의 인권을 보장할 뿐 아니라 아동의 이익을 최우선으로 고려하게 될 것이다.

한국에서 발생하는 아동에 대한 폭력 중 유엔아동권리위원회가 특히 우려를 표한 문제 중 하나는 교사에 의한 성희롱이 급증했다는 것이다. 2018년 학내 성폭력에 대해 무관심한 사회를 향해 서울의 한 고등학생들이 창문에 포스트잇으로 'ME TOO'(미투)를 붙이며 스쿨미투 운동이 시작되었고 이후 전국적으로 실태 고발이 터져 나왔다. 하지만 교사에 대한 처벌은 미온적이고 가해 교사 다수는 교단으로 복귀했다. 2차 가해의 위험 속에서도 실태를 고발했음에도 불구하고 제대로 된 응답을 받지 못한 당사자와 활동가들은 '아동에 대한 성적 착취와 성적 학대에 관한 보고서'를 유엔아동권리위원회에 제출했다. 위원회는 직접 진술을 듣기 위해 이들을 스위스 제네바에서 열리는 사전 심의에 초청했고 이후 대한민국 정부가 교사에 의한 성희롱, 성적 착취를 방지하고 대응하기 위한 조치를 취할 것을 강력히 권고했다.

하지만 정부가 뒤늦게라도 국제사회의 권고에 따라 대책 마련을 하고 있는지는 의문이다. 여전히 교사에 의한 성희롱 사건이 발생하고 있고 교직원이 학교 화장실에 카메라를 설치해 불법 촬영하는 범행도 끊이지 않고 있다. 2021년 스쿨미투 이후 상황에 대해 보도한 기사를 보면 가해 교사 대부분의 징계 현황은 여전히 공개되지 않고 있고 담임 교사에서 배제하는 정도의 수위에서 조치가 끝난 채 교단으로 돌아간 경우가 많았다. 피해자가 아동이기 때문에 다른 범죄에 비해 소극적으로 대처하고 있다는 의혹을 떨치기 어렵다.

유엔이 발간한 아동폭력보고서에는 "우리가 만일 아동에게 가해지는 폭력을 인정하거나 용인한다면 그 누구도 아동들의 눈을 똑바로 처다볼 수 없을 것이다"라는 문장이 적혀있다. 아동 폭력 사건이 발생할 때에만 반짝 관심을 갖다가 근본적인 해결책에는 소극적인 사회는 그 자체로 아동에게 폭력이다. 이 폭력을 용인한다면 우리는 아동들의 눈을 똑바로 처다볼 수 없을 것이다.

놀이터를 가질 권리

우리 사회에서 아동의 몫이 줄어들고 있는 대표적인 장면 중 하나를 어린이 놀이터에서 발견할 수 있다. 예전에 비해 놀이터와 가족 공원이 늘어나고 있고 키즈 카페와 같은 아동만을 위한 시설도 많이 있기 때문에 어린이 놀이 공간이 줄어들고 있다는 것에 쉽게 공감이 안될 수 있을 것이다. 관련 보도에 의하면 실제로 놀이터의 개소 수는 2021년 10월 기준 9년 전과 비교해 1만 8천 곳이 늘었다. 아동 수가 줄고 있기 때문에 상대적으로 놀이터가 많아진 것이 사실이다. 하지만 이렇게 늘어난 놀이터의 3분의 2는 아파트 놀이터이고 전체 놀이터 중 절반 이상인 52%가 아파트에 있다. 아파트에 거주하는 인구가 많기 때문에 아파트 놀이터의 비중이 높은 것이 당연한 결과이겠지만 문제는 이렇게 사유재산인 아파트에 놀이터가 포함되어 분양되는 구조이다 보니 놀이터라는 공간에 대한 공공성이 흐려질 우려가 있다는 것이다.

아파트에 거주하지 않는 아동의 놀이터 이용 여부를 두고 갈등이 생기거나 놀이터 출입 금지로 인한 논란도 종종 발생하고 있다. 이런 논란을 접할 때마다 생각하게 된다. 아파트 단지가 들어서기 전, 그 마을에 아이들이 자유롭게 놀던 놀이터나 공터가 적어도 하나쯤 있지 않았을까? 그 공간이 아파트라는 이름으로 불리는 순간 경제적 지분이 없는 아이들은 바로 배제당해야 하는 것인지 의문이다. 게다가 놀이터 설치 기준은 공공주택에만 있기 때문에 일반 주택이 많은 지역 또는 아동 인구가 많지 않은 마을에서는 놀이터가 사라져도 어쩔 수 없는 일이 된다.

실제로 대도시가 아닌 농어촌 지역에 사는 아동들은 놀이터에 가려면 버스를 타야 해서 힘들다고 말하기도 하고 가장 가까운 놀이터가 학교 놀이터인데 학교가 너무 멀어 아쉽다고 호소하기도 한다. 내가 살고 있는 집 근처, 걸어서 갈 수 있는 곳에 놀이터가 없다는 것은 불편함이 늘거나 놀이 시간이 줄어드는 문제에서 그치지 않는다. 거의 모든 것이 성인의 기준에 맞춰져 있는 세상에서 놀이터는 어쩌면 유일한 아동 전용의 공적 공간이다. 아무 목적 없이, 조건 없이 사용할 수 있는 몇 안 되는 어린이가 주인인 장소이다.

이 사회에 나를 위한 공간이 있다는 것은 내가 이 사회에서 환대받는 존재임을 확인하는 가장 기본적인 방법이다. 놀이터가 없다는 것은 내가 사는 마을에 나를 고려한 공간이 없다는 의미이다. 그래서 유엔아동권리위원회는 공간 마련 시 아동을 배제하는 것은 이들이 시민으로서 발달하는데 있어 매우 중요한 영향을 미친다는 점과 다양한 연령 집단을 포용하는 공공장소와 이들 간 공유된 경험은 아동이 스스로 권리를 가진 시민이라는 인식을 형성하는데 기여하게 된다는 점을 강조하고 있다. 그래서 협약을 비준한 국가에게 공공 놀이시설정책을 수립할 것과 도시 계획 수립 시 모든 아동들에게 안전하고 접근 가능하며 차별 없이 사용할 수 있는 공원, 지역 센터, 스포츠와 놀이를 위한 운동장을 고려할 것을 권고하고 있다.

지금보다 경제 수준이 열악했던 시절, 삶이 팍팍하다고 말하던 시절에도 우리 사회는 아이들에게 기꺼이 놀 수 있는 공간을 내어주었다. 80·90년대에 어린 시절을 보낸 사람들이라면 골목마다 있던 놀이터에서 놀던 기억을 쉽게 떠올릴 수 있을 것이다. 당시 아이들은 모래바닥 놀이터에서 수십 가지 놀이를 했고, 동네 골목에서도 할 수 있는 모든 놀이와 장난을 즐겼다. 어린 시절 나 역시 동네 친구들과 해가 질 때까지 놀이터에서 흙장난을 하고 그네를 탔고 날마다 골목 바닥에 숫자판을 그려놓고 돌멩이를 던지며 놀았다. 당시 가장 친했던 친구는 서울에서 몇 안 되는 사립초등학교를 다녔고, 동네에서 딱 하나뿐인 카폰이 있는 자가용을 타고 다니는 아이였다. 지금 생각해보면 우리집과 형편이 많이 다른 집이었지만 우리는 똑같이 놀았다. 골목과 놀이터는 우리를 차별하지 않았고 우리는 우리에게 주어진 그 공평한 공간 안에서는 아무런 차이가 없었다.

지금이라면 가능한 일일까? 아마도 친구는 광고에 나올법한 근사한 아파트에 살고 있을 것 같다. 그 아파트에는 멋진 놀이터가 있고 공원까지 다 갖추어져 있을 테니 골목 놀이터에 나와 놀 일은 별로 없을 것이다. 형편이 다른 아이들과 어울릴 일도 없을 것이고 예전처럼 동네 아이들이 다 친구가 되는 바람에 엄마, 아빠들까지도 친구가 될 일은 더더욱 없을 것이다.

아이들에게 동네 골목과 놀이터는 더 이상 공평한 공간이 아니다. 골목이 사라지고 동네 놀이터가 사라지면서 놀이터는 아파트 살 때 함께 사야 하는 공간이 되어 가고 있다. 부자인지 가난한지가 아니라 그네에서 제일 멀리 뛰어내리는 아이가 최고였던 놀이터, 공부를 잘하는지 못하는지가 아니라 고무줄을 제일 잘하는 아이가 제일 부러움을 사던 골목은 점점 사라져가고 있다.

아동의 놀 권리를 주제로 열리는 토론회에서 아동 참여자들은 놀이 시설이 없어 핸드폰이나 게임기만 가지고 놀아서 지겹다는 이야기, 자신들보다 어린 아이들이 다칠까봐 불안해서 놀이터에서는 못 논다는 이야기, 그냥 편히 앉아서 쉴 수 있는 조그마한 공간이라도 만들어 달라는 이야기들을 한다. 특히 10대 이상의 아동들은 어린 아이들 위주로 설계된 놀이터에서 눈치 보여서 놀지 못하겠다거나 시시해서 못 놀겠다는 불만을 토로한다. PC방, 노래방 등 유료화된 시설을 이용하는 것에 대한 부담과 안전하게 마음 놓고 갈 시설이 매우 제한적이라는 것도 문제라고 지적한다. 특히 날씨가 추워지면 마땅히 갈 곳이 없어 아파트 지하 주차장에서 논다는 아동들도 의외로 많이 만날 수 있었다. 그저 편하게 앉아 이야기할 수 있는 벤치라도 만들어 달라는 아동, 떠들며 놀아도 혼나지 않는 놀이터가 있었으면 좋겠다고 말하는 아동도 있었다.

아이들이 요구하는 것은 새로운 놀이기구, 다양한 프로그램이 운영되는 멋진 문화센터가 아니다. 마음껏 뛰어다닐 수 있는 골목, 조금만 걸어가면 친구들을 만날 수 있는 놀이터가 있는 동네, 친구들과 헤어지기 아쉬워 끝도 없이 이야기를 나누며 앉아있어도 눈치 볼 필요 없는 벤치가 있는 마을이다. 내가 사는 곳이 내가 살아도 되는 곳인지 확인받는 것, 어린이라는 이유로 내가 사는 공간에서 배제당하지 않는 것이다.

놀이 공간뿐 아니라 놀이 시간도 아동의 입장에서 아동에게 이익이 되는 방향으로 충분히 고려되지 못하고 있다. 2018년 아동종합실태조사에 따르면 아동들의 물질적 결핍(식사·의류, 공간 등) 수준은 과거에 비해 낮지만 관계적 결핍(여가, 친구·가족과의 활동 등)이 높은 것으로 조사됐다. 특히 학습시간이 주당 40~60시간에 달해 성인 평균 노동시간인 40시간을 웃돌았다. 아동단체들과 함께 한국의 아동인권상황을 점검하고 아동보고서를 작성했던 '아동권리스스로지킴이'팀은 지난 2019년 유엔아동권리위원회에 「교육으로 인해 고통받는 아동」이라는 이름의 보고서를 전달했다. 보고서 작성에 참여한 아동들은 경쟁적인 교육 환경, 입시 위주의 획일화된 교육 등이 아동을 차별적이고 폭력적인 환경에 놓이게 하고 있다는 것을 생생하게 보고했다. 유엔아동권리위원회는 학업 성적에 대한 사회적 압력으로 인해 아동의 놀이가 매우 부족한 상황에 대한 우려와 함께 모든 아동이 놀이와 오락 활동을 할 수 있는 충분한 시간과 시설을 보장할 것을 대한민국에 권고했다.

성인들이 워라밸, 힐링, 욜로, 소확행 같은 단어를 만들어낼 정도로 휴식과 여가, 일과 삶의 균형을 중요하게 생각하는 것은 쉼과 여가의 가치를 알고 있기 때문일 것이다. 아동이라고 해서 다르지 않다. 놀면서 자라고 배우는 사람들, 놀이가 밥이고 놀이를 통해 관계를 배우고 자신의 정체성을 발견하는 사람들인 어린이들에게 쉼과 놀이는 필수적이다. 서로에게 "식사하셨어요?"라는 인사를 건네는 것처럼 어린이들에게는 "잘 놀고 있나요?"라는 쉼과 놀이에 대한 안부를 물어야 한다.

코로나19 상황은 놀이에 대한 사회의 인식 수준을 확인하는 또 하나의 계기가 되었다. 사회적 거리두기 시행과 함께 많은 놀이터에 출입 금지 조치가 취해졌다. 야외 공간이라 상대적으로 감염 위험이 적었음에도 불구하고 대한민국 곳곳의 놀이터에 빨간 테이프가 붙었다. 아이들은 학원과 스터디 카페는 갈 수 있었지만 놀이터는 갈 수 없었다. 해외 뉴스에서 날씨가 따뜻해지면서 체육 활동이 늘어나 아동·청소년 코로나 감염자 수가 늘어났다는 보도가 나올 때 우리나라의 뉴스는 입시 학원에서 확산되고 있는 학생들의 감염에 대한 소식을 전했다. 코로나19를 통해 사회가 아동의 삶에서 무엇을 중요하게 생각하는지를 새삼 인식하게 되었고 아동의 건강한 성장과 발달에 대한 관점의 전환이 필요하다는 것을 상기하게 되었다. 방정환 선생이 이미 백 년 전에 우리 사회가 꼭 마련해야 할 것으로 꼽았던 '어린이, 그들이 고요히 배우고 즐거이 놀기에 족한 각양의 가정 또는 사회적 시설'이 아직도 갖춰지지 못했다는 것을 기억해야 한다.

아동에게도 주거권이 있을까

아동의 삶과 밀접할 뿐 아니라 아동이 주요한 주체임에도 불구하고 보이지 않는 존재처럼 여겨지는 영역 중에 주거 분야가 있다. 포털사이트를 열어 '아동'과 '주거' 두 단어를 입력하고 검색 결과를 살펴보면 주로 '빈곤'과 관련된 결과물이 나온다. 반면 '신혼'과 '주거', 그리고 '청년'과 '주거'를 검색하면 '정책', '제도', '지원 사업' 등이 포함된 검색 결과가 눈에 들어온다. 포털사이트 검색 결과에 불과하다고 생각할 수 있겠지만 아동 주거 정책의 현실을 반영한 내용이라고 볼 수도 있을 것이다.

수도권에만 22만여 가구의 아동이 주거 빈곤 상황에 있고, 전체 아동 중 10%가 주거 빈곤 아동이라는 통계가 있음에도 불구하고 그동안 아동은 주거 정책에서 '기타' 또는 '그 외' 대상에 주로 속했다. 아동 주거권 보장을 위한 정부 대책은 2019년이 되어서야 별도로 발표되었고 아동빈곤에 주거 빈곤을 포함시키는 법안 개정안은 2020년에 발의되었다. 아동 주거 빈곤 해소를 목표로 한 제도를 마련하고 아동 가구만을 대상으로 한 임대주택 지원 사업을 시작한 것은 2020년 서울시가 최초였다. 수십만, 수백만 호의 청년, 신혼 주택 공급 약속이 계속 발표되고 있는 것과 매우 대조적이다. 수십 년, 심지어 백 년 전부터 아동 주거 정책을 별도로 마련하고 아동이 있는 가구에 우선적으로 집을 제공해 온 독일, 미국, 영국 등에 비해서도 매우 늦었다.

주거 정책, 지원 사업의 부족으로 인해 아동은 여러 가지 어려움을 겪고 있다. 경제적 어려움이 있는 가정의 아동들은 채광과 환기가 부족한 곳에 사는 경우가 많아 신체적, 정서적 발달에 어려움을 겪게 된다. 조금 더 나은 곳으로 이사하고 싶지만 '기타' 또는 '그 외' 대상에게 공공주택 입주의 순서는 쉽게 돌아오지 않는다. 특히 점점 심각해지는 기후위기에 그대로 노출되고 있다. 서울에 살고 있는 아동 주거 빈곤 가구를 조사한 한 보고서의 결과를 보면 여름철, 겨울철에 실내 온도를 적절하게 유지할 수 없다는 응답이 70%에 달했고 이 중 절반은 주택 노후, 시설 미비 등이 그 이유라고 답했다. 현재 살고 있는 집에서는 애초에 기후위기에 대응할 방법 자체가 없다는 것을 알 수 있다. 최저주거기준에 미달하는 집에서 생활하다가 매입임대주택으로 이주한 아동들의 생활이 어떻게 달라졌는지 조사한 결과를 살펴보면 집의 중요성을 더 잘 확인할 수 있다. 이사 후 아이들의 아토피 피부염이 개선되고 삶의 만족도와 가족 행복감이 높아졌다. 아동들은 평일에 더 일찍 집으로 돌아왔고 집에서 느끼는 안전감도 향상되었다. 보호자의 우울감이 개선되고 행복감이 높아졌다. 주거비 때문에 식료품비를 줄여야 하는 일도 줄었다. 주거 상황을 개선하는 것만으로도 현재의 문제가 해결될 뿐 아니라 발생 가능한 많은 문제를 예방할 수 있다는 사실을 알 수 있다.

최근 아동의 주거권 보장에 대한 논의가 확대되면서 새로운 제도가 생겨나고 지원 범위도 넓혀지고 있지만 여전히 사각지대가 존재한다. 제도적으로 보완해야 할 점도 많이 남아 있다. 이른 나이에 자녀를 양육하고 있는 청소년 부모, 탈가정 청소년 등 위기 청소년을 위한 지원이 확대되어야 하고, 다자녀를 양육하고 있는 가정을 위한 적정한 규모의 임대주택도 필요하다. 가정에서 자랄 수 없는 아동들을 보호하고 있는 아동 양육 시설 또한 주거의 적정성을 점검하고 보완해 나가야 한다.

특히 코로나19 상황 속에서 대규모 양육 시설은 집단 감염의 위험에 노출될 뿐 아니라 감염을 예방하기 위한 목적으로 가족과의 면담, 외출 등이 전면 금지되어 많은 어려움을 겪었다. 아동 개인별 최저주거기준 충족 여부를 별도로 점검하지 않기 때문에 최소한의 개인 공간마저 부족해 코로나19 상황에서 진행된 온라인 수업 시 불편함을 겪기도 했고 함께 생활하는 아동들, 생활보육사와 갈등이 심화되기도 했다. 향후 발생할 수 있는 감염병에 대비해 집단적으로 코호트 격리되는 방식이 아닌 대안이 모색되어야 하고 아동 개인의 권리를 존중할 수 있도록 시설을 소규모화하는 등 적정한 주거환경에 대한 논의가 시급하다.

현재의 주거 정책은 가정 유형 또는 나이, 소득 기준을 설정해 지원 대상을 하나씩 추가하는 방식이라고 표현할 수 있다. 하지만 이런 방식으로는 계속 사각지대가 생길 수밖에 없다. 자격을 심사하고 그 조건에 맞는 집만 제공하는 식으로는 주거 빈곤 상황에 놓인 사람들의 문제를 해결하기 어렵다. 집을 둘러싼 다양한 문제, 주거와 관련된 어려움이 있다면 누구나 상담을 요청할 수 있어야 하고 상황에 따라 신속하게 크고 작은 도움을 받을 수 있도록 서비스를 다각화하고 전달 체계를 확대해야 한다.

위기 청소년을 지원하는 프로그램을 통해 만났던 한 청소년은 넉넉하지 않은 형편의 가정에서 자라며 가족들과 심각한 불화를 겪었다. 그는 고등학교 1학년 때 학교를 자퇴한 이후 친구 집에서 생활하면서 편의점, 식당 등에서 12시간씩 일하며 돈을 모았다고 한다. 그리고 몇 년 후, 보증금 500만 원에 월세 50만 원짜리 빌라에 내 집을 마련했다. 막 성인이 됐을 무렵, 원치 않는 임신을 하게 되었지만 출산을 선택했다. 남자 친구는 이후 연락이 끊겼고 그는 만삭이 될 때까지 열심히 일했다. 하지만 아기를 낳은 후부터 일을 계속하기 어려웠고 분유, 기저귀 등 아기를 위한 지출이 늘어나면서 보증금도 지킬 수 없게 되었다. 다행히 한부모 전세임대주택 자격이 된다는 것을 알게 되었지만 문제는 공공임대주택임에도 불구하고 보증금이 최소 800만 원은 있어야 한다는 것이었다. 부족한 돈을 마련하기 위해서 보증금 대출도 알아보고 민간기관 후원도 알아봤지만 필요한 시기에 딱 맞게 돈을 구할 수 있을지 불안한 상황이 계속되었다. 대출, 후원, 임대주택 지원 여부 모두 그가 직접 정할 수 있는 것이 하나도 없었다.

주거 정책, 부동산에 관한 정보, 집값에 대한 수많은 뉴스들이 날마다 쏟아진다. 하지만 내가 만났던 이 청소년과 같이 주거취약계층을 위한 정보가 아닌 경우가 많다. 집이 여러 개 있는 사람들이 겪고 있는 세금 문제, 몇억 원이 오르고 내렸다는 소식들만 가득하다. 똑같이 부동산을 두고 하는 계산이고 집을 둘러싼 숫자지만 주거취약계층의 고충과 그들이 치열하게 매달리고 있는 숫자는 신문에 대서특필 되지 않음은 물론이고 언론의 별다른 주목을 받지 못한다.

내가 만났던 청소년은 친가족과 생활했던 집을 나온 후 쉬지 않고 경제활동을 했고 부동산 계약을 할 수 있는 나이가 되자마자 집을 얻었다. 그런데 그를 경제의 주체, 주택 정책의 당사자로 보는 사람은 거의 없다. 그가 집다운 집에서 살기 위해 겪어야 할 어려움과 고충은 고액의 아파트를 사지 못해 발을 동동 구르는 사람들의 고충처럼 주목받지 못한다. 그가 아기와 함께 살 작은 공간을 찾기 위해 거쳐야 할 복잡한 절차와 과정은 아파트를 사기 위해 누군가가 대출을 받는 과정의 복잡함처럼 관심을 끌지 못한다. 임대차법이 개정되고 부동산 정책이 달라지면 온 세상이 떠들썩해지고 모두가 관심을 기울인다고 생각하겠지만 그의 부동산 문제가 세상의 관심사가 아닌 것처럼 그에게도 다른 사람들의 부동산 문제는 그저 다른 세계의 일일 뿐이다. 사회가 누구의 집 문제만을 중요하다고 생각하는지, 어떤 사람들의 고통을 비중 있게 다루는지 날마다 목격하고 있을 뿐이다.

그를 부를 수 있는 이름이 많이 있다. 탈가정 청소년, 학교 밖 청소년, 미혼모, 청소년 부모, 한부모. 이와 동시에 그는 한동안 홈리스였고 지금은 임차인이다. 주택 정책과 매우 밀접하게 연결되어 있는 경제 주체이다. 그의 집 문제와 고통도 우리 사회가 치열하게 고민하며 해결책을 찾아야 하는 부동산 문제 중 하나다. 그와 같이 탈가정한 청소년의 수는 20만 명이 넘는 것으로 추정되고 있고 주거빈곤가정의 아동을 비롯해 많은 아동, 청소년이 주거 문제의 당사자다. 적지 않은 수일 뿐 아니라 초저출산 국가에서 주요한 정책 대상으로 고려해야 할 아동이 겪고 있는 문제라는 측면에서도 결코 모른척할 수 없다. 그런데 국가가 걱정하고 언론이 주요하게 생각하는 '서민, 국민의 부동산 문제'에 이들의 문제가 포함되어 있는지는 확인하기 어렵다.

주거빈곤 문제에 대해 말할 때 일부의 목소리는 지나치게 크게 전달되고 일부의 목소리는 전혀 들리지 않는다. 고액의 아파트를 마련하는 문제가 부동산 문제의 전체인 것처럼, 모두가 집을 자산, 돈으로 생각하는 것처럼 덧씌워지고 있는 느낌이다. 집은 "사는 것(Buy)이 아니라 사는 것(Live)이다"라고 말하며 집을 투자의 목적으로 생각하지 말자는 캠페인을 종종 목격하지만 집을 사는(Buy) 것은 물론 살지도(Live) 못하는 사람들은 어느새 보이지 않는 존재가 된다. 지금 우리에게 중요하고도 시급한 집 문제는 무엇일까?

집 문제의 당사자이지만 집에 관한 논의에서 보이지 않는 사람들 모두를 주거 정책의 주요한 대상, 주거권을 가진 주체로 인정하는 것에서부터 시작해야 한다. 특히 아동을 정책 대상으로 고려한다면 아동 또는 그 가정이 겪고 있는 다양한 주거 문제를 발견하게 될 것이고 가족의 유형, 사는 곳, 기타 조건 등에 따라 지원 여부가 결정되는 것이 아니라 상황에 맞게 적절한 지원을 할 수 있을 것이다. 아동, 주거를 검색할 때 더 이상 '빈곤'이 연관 검색어로 등장하지 않도록, 아동을 위한 주거 정책과 제도, 사업이 지속적으로 확대되어야 한다.

미디어 환경과 아동권리

아동이라는 존재에 대한 고려가 부족해 보이는 대표적인 영역 중 또 하나는 바로 미디어이다. 80·90년대 어린이들에게 TV는 종이접기와 동요를 가르쳐주고 어려운 이야기를 인형극으로 쉽게 풀어 보여주던 매체였다. 놀이터에서 놀다가 집으로 돌아와 저녁을 먹기 전까지 그 시절의 TV는 어린이들의 것이었다. 인터넷에서 80년대 TV 편성표를 검색해보면 오후 5시, 6시는 '꾸러기', '모여라 꿈동산', '무지개 과학탐험' 등이 편성되어 있었다. 어린이날엔 창작 동요제가 열렸고 라디오에는 동요를 들려주는 시간이 정해져 있었다. 하지만 이제 동요제는 폐지되었고 아이들을 위한 창작 프로그램은 매우 드물게 제작된다. 교육방송에서 조차 어린이 프로그램 하나를 보려면 장난감 광고 수십 개를 봐야 한다. 아동용 만화의 주인공들은 곧 장난감과 상품으로 출시되거나 판매 중인 캐릭터들이다. 아동

만화를 제작하는 목적이 무엇인지마저 헷갈린다.

'정'이라는 단어로 유명한 한 과자 회사에서 오래전 방영했던 광고에서는 아이들이 파이를 손에 들고 있지 않았다. 대신 아이들 머리 위에 파이가 둥둥 떠 있었다. 아이들이 직접 제품을 설명하지 않아야 한다는 제한이 있었기 때문에 직접 만지지 않는 방식을 선택했던 것으로 보인다. 이 밖에도 당시 광고 규정에는 상품을 갖지 못할 때 열등감을 느끼게 해서는 안 된다는 규제도 있었다. 70년대에는 사행심 조장과 정서 순화를 저해한다는 이유로 어린이 모델은 출연할 수 없었고 90년대까지도 어린이를 광고 목적에 직접 또는 주도적으로 이용해서는 안 된다는 규정이 있었다. 그런데 요즘은 각종 프로그램의 PPL(텔레비전 간접광고)을 통해 아이들이 직접 제품을 입고, 사용하고 먹는다. 아웃도어 의류, 캠핑 장비, 유모차, 장난감, 심지어 아기 분유까지도 PPL 제품이다. 이 제품들이 실시간 검색어에 오르고 해당 상품의 매출 증가로 이어지는 일들도 다반사이다. 갖지 못하면 열등감을 느끼게 하는 장난감 광고부터 아이와 아빠가 '행복'에 대한 이야기를 나누는 금융 상품 광고에 이르기까지 "어린이를 광고 목적에 직접 또는 주도적으로 이용해서는 안 된다"는 걱정은 옛날이야기가 되어버렸다. 심지어 어린이들이 주로 하는 골목 놀이인 '무궁화 꽃이 피었습니다'라는 게임이 성인 드라마의 소재로 등장한 이후 아이들이 이 게임을 할 때, 손으로 총을 쏘는 시늉을 한다는 이야기들도 들려온다. 이 드라마에 등장했던 무기를 사용하고 사람을 해치는 캐릭터들을 그대로 활용한 어린이용 장난감도 쉽게 구할 수 있다.

TV가 각 가정에 급속도로 보급되던 시절, 엄청난 힘을 보유했거나 하늘을 날 수 있는 능력을 가진 슈퍼히어로가 등장하는 외화가 많이 방영되었다. 이것을 본 아이들이 슈퍼히어로를 따라 하며 장독대에서 뛰어내리거나 높은 곳에서 날아 보겠다고 하다가 사고를 당하는 일들이 종종 발생했다고 한다. 사고가 잇따르자 학교와 가정에서 올바른 미디어 교육을 시켜야 한다는 목소리들이 높아졌고 한 언론사는 해당 외화 시리즈의 감독을 찾아가 이런 현상에 대해 인터뷰를 하기도 했다고 한다. 유난스러운 반응처럼 느껴질 수 있지만 TV 프로그램이 아이들에게 미치는 영향에 대해 우리 사회가 얼마나 신경을 쓰고 있었는지 짐작할 수 있다.

슈퍼히어로를 따라 하다가 사고가 났다는 아이들 소식은 더 이상 들려오지 않지만 요즘 아이들은 장독대보다 더 위험한 곳에 올라서고 있는 것은 아닐까 걱정이 되기도 한다. 요즘 TV는 아이들에게 어떤 세상을 보여주고 있는 것일까? 규제와 법이 달라진 것이 아니라 아이들에 대한 어른들의 관심, 그 마음이 달라진 것은 아닌지 돌아봐야 한다. 아이 손에 파이를 올리지 않았던 그 마음, 아이가 물건을 갖지 못했을 때 느낄 상실감을 걱정했던 그런 마음이 있는 TV, 미디어가 다시 아이들의 친구가 될 수 있을까?

유엔아동권리협약은 아동이 대중매체를 통해 자신의 사회적, 정신적, 도덕적 웰빙과 신체적, 정신적 건강의 향상에 도움이 되는 국내외 다양한 정보와 자료에 접근할 수 있도록 보장해야 할 국가의 의무를 명시하고 있다. 다양한 영상 플랫폼이 등장하고 수많은 콘텐츠가 쏟아져 나오는 시대이다. 셀 수 없는 매체와 제작물 속에서 문제가 되는 것을 찾아서 대응하는 방식은 사실상 불가능하다. 사후에 점검하는 방식이 아니라 제작 단계에서 아동보호원칙을 적용하고 제작자와 이용자의 인권의식을 높이는 등 근본적인 변화가 필요하다. 무엇보다 아동은 미디어의 고객이기 전에 미디어를 통해 삶을 살아가는 다양한 정보와 기술을 익히는 존재이자 미디어를 안전하게 활용할 권리가 있는 주체라는 것을 기억해야 한다.

어른들만의 축제인 선거

2022년 기준 0~17세인 한국의 아동 수는 약 720만 명으로 전체 인구 중 14.1%에 해당한다. 2011년 약 천만 명으로 전체 인구 다섯 명 중 한 명이었던 것에서 크게 감소한 수치이다. 전체 인구를 아동과 성인으로만 구분한다면 아동이 상대적으로 적은 수이지만 720만 명이라는 숫자로 보나 약 14%라는 비율로 보나 아동이 전체 인구에서 차지하는 비중은 여전히 크다. 하지만 사회의 많은 분야와 마찬가지로 정책에 있어서도 아동 관련 정책은 성인 대상 정책에 비해 매우 부족하거나 부실하다.

특히 선거 공약이 발표될 때면 이런 현실이 여실히 드러난다. 예를 들어 2020년 기준 서울시장의 공약은 7대 분야, 66개 핵심 공약, 총 229개 세부사업이었는데 이중 아동관련 세부사업은 15개로 전체 6.5%에 불과했다. 게다가 15개 중 12개는 보육과 돌봄에 해당하는 공약으로 아동을 권리 주체자로 인정하고 시민으로서의 권리를 실현할 수 있도록 지원하는 정책은 거의 찾아볼 수 없었다. 대부분의 선거에서 아동 공약이 주로 교육과 보육 측면에서 논의되거나 경제적 비용으로 다뤄지다 보니 보육은 '부담'이라는 말과 함께 쓰이고 교육은 '학비'로 계산된다. 정책 속 아동은 돈이 드는 존재, 돌봄의 노동이 필요한 존재로 읽힌다. 아동을 돌봄의 대상으로만 바라보다 보니 아동과 관련된 일을 여성의 일로 해석하는 모습도 엿볼 수 있다. 아동과 관련된 정책을 발표할 때 대통령이 아닌 영부인이 나선다거나 아동과 관련된 현장에 남자 후보자가 아닌 후보자의 부인이 찾아가는 식이다. 이런 사례들로 인해 아동을 돌봐야 하는 책임을 가정, 특히 여성에게 맡기는 인식이 더욱 공고해질 우려가 있고 이는 아동이 국가 정책에서 후순위로 밀리는 것과도 연결될 수 있다.

아동 정책이 소외되는 것은 국회에서도 마찬가지다. 아동단체에서 일하면서 19대 국회의 아동 공약과 이행률을 분석해 발표한 적이 있다. 전체 공약 중 아동 공약은 12%였고 아동 공약을 단 하나도 내걸지 않은 국회의원도 20명이 넘었다. 이행률에 있어서도 차이가 나타났다. 19대 국회 공약 이행률 평균은 51.2%인 반면 아동 공약의 이행률은 21.7%에 불과했다. 아동 정책을 내걸지 않았을 뿐 아니라 이행에 대한 책임에 있어서도 소홀했다는 것이다.

지자체 살림도 크게 다르지 않다. 전체 예산 중 아동 정책 예산 규모가 적은 것이 현실인데 이마저도 영·유아 돌봄 예산으로 대부분 쓰이고 있어 다른 영역에 대한 자원 분배를 어렵게 만든다. 2015년 전국 243개 광역 및 기초자치단체 아동 정책 현황을 분석한 자료에 따르면 만 7~12세에 해당하는 어린이를 위한 예산은 아동 정책예산 중 3.6%에 불과했다. 이 분석 결과를 보도한 기사의 제목이 '국가정책 속 어린이는 나라의 찬밥'이었던 것이 결코 과장이 아니다. 어린이는 나라의 보배라고 쉽게 말하면서도 정책과 예산에서 아동은 줄곧 찬밥 신세다.

상황이 이렇다 보니 민주주의의 꽃, 축제라고 말하는 선거에서 아동이 소외되는 상황은 어쩌면 당연한 결과다. 선거 결과에 따라 누구보다 큰 영향을 받는 존재임에도 불구하고 아동들은 이 축제에 초대받지 못하거나 주인공이 되지 못한다. 선거철이 되면 모든 뉴스가 선거와 후보에 관한 소식으로 넘쳐나지만 아동이 쉽게 이해할 수 있도록 전달되는 경우는 거의 없다. 어린이 신문 등 아동이 독자인 매체에서도 선거 소식은 거의 다뤄지지 않는다. 후보자와 정책 소개가 담긴 선거 공보물 역시 아동이 이해하기에 어렵다. 자연스럽게 선거는 어른들만의 축제가 된다.

특히 정책의 당사자인 교육감 선거에서도 아동은 참여권을 보장받지 못한다. 선거 결과에 따른 영향이 아동에 비해 적은 어른들 손에 학생들의 미래가 달려 있는 셈이다. 아동단체에서 일하면서 만나본 아동들이 가장 시급하게 바뀌어야 할 선거 제도 중 하나로 꼽은 것 역시 교육감 선거 시 학생에게 투표권을 부여하는 것이었다. 적어도 고등학생부터는 투표할 수 있어야 하고 선거연령을 한두 살이라도 낮춰야 한다고 주장했다. 국가인권위원회는 2013년 선거연령

기준에 관한 의견을 표명하면서 교육감 선거의 경우 청소년이 교육 정책이나 학교 운영의 직접적인 영향을 받는 당사자이기 때문에 청소년에게 선거권이 부여된다면 선거 과정에서부터 교육 현장의 수요와 의사가 반영된 공약과 정책이 마련되고 실현될 수 있다는 장점이 있을 것이라고 밝힌 바 있다. 이후 몇몇 지역 교육감이 교육감 선거연령을 16살로 낮추자고 제안했고 국회에서도 법률 개정안이 발의되었지만 통과되지 못했다.

세계적으로 90% 이상의 나라가 18세 이상자에게 투표권을 부여하고 있음에도 불구하고 우리나라의 선거연령이 18세 이하로 낮아진 것은 2019년 12월에 이르러서였다. 1948년 만 21세 이상에게 선거권을 부여한 이후 점차 낮아졌지만 1997년 처음 공약으로 등장한 '18세 선거권'이 실현되는 데에는 20여 년의 시간이 걸린 것이다. 그사이 청소년들은 선거권을 요구하며 노숙 농성을 하기도 했고 심지어 삭발을 하기도 했다. 세계적인 추세일 뿐 아니라 우리나라에서 군대에 가고 취업을 하고 결혼도 할 수 있는 나이인 18세에게 선거권을 주는 결정에 왜 이토록 많은 시간이 걸렸을까? 선거권 연령 하향을 반대하는 사람들은 청소년의 정치적 판단이 미성숙하다거나 교실이 정치화될 수 있다는 등의 논거를 제시해왔다. 하지만 선거법이 개정된 후 몇 년이 지났지만 그런 우려가 현실이 되었다는 이야기는 아직 접하지 못한 것 같다. 결국 정치적 계산, 당리당략적 판단이 아동, 청소년의 기본적인 권리 보장보다 앞섰다고 볼 수밖에 없다.

아동이 정치적 참여권을 보장받기 어려운 만큼 정책, 예산 등 국정 전반에서 아동의 입지 역시 매우 좁다. 아동과 관련된 사건으로 인해 사회적으로 큰 공분이 일어난 후 정치권에서 먼저 나서 예산 확충과 제도 개선을 약속하는 경우조차도 이 약속이 제대로 이행되지 않는다. 아동학대 사건이 발생한 후에도 관련 예산이 삭감되고 관련 법안이 통과되지 않는 일이 반복된다. 왜 이런 상황이 발생하는지에 대한 이야기를 나누다 보면 흔히 어린이에게 선거권이 없기 때문에 정책, 예산에서 후순위로 밀린다는 분석이 따라온다. 하지만 선거연령에 다소 차이가 있을 뿐 우리와 마찬가지로 대부분의 나라에서도 아동 다수에게 선거권이 없다. 아동 수당, 아동 병원비 무상 정책, 육아 휴직 제도 등을 선진적으로 도입해 시행하고 있는 나라에서도 아동 대부분이 직접 투표권을 행사하지 않는다. 그럼에도 불구하고 표가 없다는 이유만으로 아동을 찬밥 신세로 만들지는 않는다.

"어린이는 나라의 보배이자 미래"라고 부르면서도 선거권이 없다는 이유로 쉽게 보이지 않는 존재로 만들고 무시하는 정치는 누구를 위한 정치일까? 아동은 대부분의 정책에 영향을 받는 당사자이자 나이에 관계없이 정치적 의견을 갖고 표현할 수 있는 권리를 가진 존재이다. 이 사실을 인정하지 않으면 그 피해는 아이들의 몫으로 남는다.

아이들의 존재를 무시한 채 치러지는 선거는 간접흡연에 노출된 아동의 모습과 닮았다. 어른이 담배를 피우다 무심코 내린 손의 위치로 인해 아이의 코와 눈에 담배 연기와 재가 날아들 수 있는 것처럼 어른의 눈높이만을 고려한 정책은 아동들에게 예상하지 못한 결과를 가져올 수 있다. 일과 가정의 양립을 이야기할 때 아이가 있는 노동자가 아이를 편하게 돌볼 수 있도록 근무 환경을 바꾸겠다는 정책보다 아이들을 저녁 늦은 시간까지 시설에서 돌보겠다는 정책이 더 먼저 논의되는 것처럼 말이다.

아동단체에서 일하면서 선거에서의 소외가 정책과 예산에서의 소외로 이어지는 문제에 주목해 아동들이 직접 공약을 제안하는 캠페인을 진행했었다. 전국에서 수천 명의 아동들이 온라인 플랫폼과 오프라인 설문지 등을 통해 후보자들에게 공약을 제안했다. 아동들에게 공약 제안 분야를 제시하지 않았음에도 불구하고 아동들의 의견을 다 모아놓고 보니 주요 정당의 캠프에서 발표한 공약집이라고 해도 부족할 것이 없는 공약 제안서가 완성되었다.

아동들이 제안한 공약은 교육, 복지, 안전, 환경, 경제, 외교에 이르기까지 거의 전 분야를 포괄하고 있었고 아동의 삶과 직접적인 관련이 적다고 생각하기 쉬운 문제인 사회적 참사, 실업 문제, 환경오염에 대한 대책을 요구하고 있었다. 특히 아동의 생명을 지키지 못하는 어른들의 각성을 요구하는 목소리와 아동이 안전하고 행복한 사회를 만들기 위해서 반드시 아동들의 목소리를 들어야 한다는 의견들이 쏟아져 나왔다. 그리고 자신들도 세상이 돌아가는 사정을 알고 싶다며 나라에서 하려고 하는 일들을 자세히 알려달라고 요구했다. 어른들이 선거연령 하향을 반대하며 주장했던 미성숙함은 어디에서도 찾아볼 수 없었다. 아동들은 자신과 친구들이 차별 없이 마음껏 놀 수 있는 나라, 언니와 오빠들이 취업 걱정하지 않는 나라, 어른들이 충분히 쉬고 가족을 돌보며 일할 수 있는 나라, 전쟁 걱정 없이 평화로운 나라를 위해 지혜를 모았다.

진짜 미성숙한 사람은 누구일까? 엄연히 성인들 옆에서 나란히 이 사회를 함께 살아가는 동료 시민인 아동, 청소년들을 기억하고 축제의 주인공 자리를 기꺼이 내어줘야 한다. 아동인권 선구자인 야누시 코르차크의 말대로 아동 문제에 있어서 전문가는 바로 아동들이다. 그리고 이 세상에 아동 문제가 아닌 것은 없다. 우리는 아동들의 참여 없이 행복한 나라를 만들 수 없다!

왜 아동의 가난은 전시되는가

포털사이트를 이용하거나 텔레비전을 시청하는 사람이라면 어려운 상황에 있는 아이들에게 도움을 요청하는 광고를 접해 본 경험이 있을 것이다. 해외 아동을 위한 후원 광고도 있지만 국내 아동을 위해 나눔을 실천해달라는 광고가 더 많이 눈에 띈다. 잠깐만 시간을 내어 살펴보면 반찬이 없어 소금밥을 먹는 아이, 라면으로 끼니를 해결하는 아이, 곰팡이가 가득한 집에서 사는 아이 등 열악한 상황에서 자라고 있는 우리나라 아이들의 모습을 쉽게 발견할 수 있다. 한국이 세계 10위권의 경제력을 지닌 국가로 성장하고 있음에도 불구하고 이런 광고들은 좀처럼 줄어들지 않는다. 그만큼 많은 사람들이 아이들의 빈곤 문제를 해결하기 위해 후원에 참여하고 있지만 아동의 빈곤은 더 구체적이고 더 노골적으로 공개되고 있다.

청년, 노년층의 빈곤 문제가 사회 문제로 의제화되고 구조적인 문제로 다뤄지는 것과 달리 아동의 빈곤은 누군가의 온정과 선의에 기대어 해결해야 하는 문제처럼 보여지기도 한다. 그리고 아이들은 가난함을 공개적으로 드러내어도 되는 존재로 여겨진다. 게다가 선행에 기대어 빈곤함을 해결하려다 보니 도움을 받기 위한 자격이 요구되는 문제도 발생하게 된다. 경제적인 기준 외에도 보이지 않는 다른 기준에 의해 도움을 받을 수 있는 아동과 아닌 아동이 구분된다. 사회적으로 비난을 받거나 논란이 될 수 있는 상황에 놓인 가정의 아이라면 또는 소위 후원금의 효과를 증명할 수 있는 준비가 안 되어 있는 아동이거나 일탈 행동을 한 아동이라면 후원자들의 마음을 열기가 쉽지 않다. 모금 방송에 주로 등장하는 아동과 가족의 모습이 어려운 상황에서도 희망적으로 생활하는 모습인 것을 보면 사회가 어떤 이미지를 선호하는지, 후원을 받는 대상에게 기대하는 모습이 어떤 것인지 짐작할 수 있다.

선의에 기대는 문제 해결 방식은 모든 아동을 포괄할 수 없을 뿐아니라 도움받는 아동을 수동적인 위치에 묶어둔다. 심지어 이런 방식이 문제를 해결하고 있다고 보기도 어렵다. 아동단체를 통해 수십년간 민간 후원이 지속되어 왔지만 아동의 빈곤 문제가 해결되지 않고 있다는 것은 결국 후원만으로는 이 문제를 해결할 수 없다는 반증일 것이다.

아동의 빈곤을 노출시켜 후원을 독려하는 방식 그 자체도 문제이다. 빈곤에 대한 인식이 변화하고 있기 때문에 빈곤한 아동의 이미지를 노출하는 방식에 더욱 신중해져야 하는데 광고 방식은 예전과 크게 달라지지 않았다. 소위 다같이 먹고 살기 어렵던 시절에는 넉넉하지 못한 형편이 혐오의 원인이 되지 않았다. 그러나 경제력이 곧 능력으로 이해되고 빈곤함이 삶의 여러 가지 부분 중 한 부분의 결핍이 아니라 절대적인 결핍 또는 무능함으로 여겨질 수 있는 환경에서는 빈곤이 차별과 혐오의 원인이 될 수 있다. 임대주택에 사는 아이들을 부르는 이름이 따로 생기고 어느 아파트, 어느 동네에 사는지에 따라 사람을 판단하는 일이 생기는 현실에서 누군가가 빈곤한 이미지로 고착화되는 것은 매우 우려스러운 일이다.

특히 최근 들어 더 많이 등장하고 있는 유명인의 자녀, 연예인 활동을 하는 아동들의 화려한 모습과 대조를 이루면서 경제 수준에 따라 아동 간의 사회적 지위가 정해진 것처럼 보이게 한다. 굶주린 아프리카 사람들의 이미지가 미디어를 통해 노출되면서 한국인이 그 지역에 대한 고정관념을 갖게 되는 것과 마찬가지이다. 한 아동단체의 연구에 따르면 뉴스와 모금 광고, 모금 방송 등에서 아프리카와 아프리카인은 갈등, 가난, 기근, 질병, 문제 해결력을 상실한 수동적 존재의 관점에서 주로 묘사되고 있었다. 그리고 초점집단 인터뷰 참여자들에게 아프리카의 이미지에 대해 질문한 결과 연령층에 관계없이 대부분의 응답자가 아프리카의 이미지를 자연, 기아, 빈곤, 질병, 위험 같은 단어들로 묘사했다고 한다. 아프리카 지역의 빈곤한 사람들을 외부의 도움 없이는 문제를 해결할 수 없는 무력한 존재로 묘사하면 당장의 관심과 자원을 이끌어 내는 것에는 효과가 있을 수 있다. 하지만 장기적으로 그 지역과 국가의 인권 상황을 개선하는 일에는 걸림돌이 될 우려가 있다.

아이들을 함께 돌보며 빈곤 문제를 해결하기 위해 나눔을 실천하는 것은 아이들이 살기 좋은 세상을 만드는 방법이자 더욱 장려해야 할 일이다. 하지만 이를 위해 누군가의 존엄함이 훼손되어서는 안 된다. 그리고 아동의 빈곤 문제를 온정에만 내맡겨서는 안 된다. 온정은 얼마나 지속될지, 어느 정도일지 예측할 수 없기 때문이다. 많은 사람들이 관심을 갖고 있는 만큼 확실한 사회적 노력, 국가 정책과 예산이 수반되어야 한다. 아동의 빈곤 문제를 온정에 내맡겨두는 것이야말로 가장 냉정한 행위일 수 있다. 하루에도 몇 번씩 밥 굶는 아이의 모습을 목격할 수 있는 나라가 세계적인 경제대국이라면 경제 성장은 왜 필요한 것이며 누구를 위한 것인지 생각해봐야 한다.

특히 치료비를 모금하기 위해 아픈 몸으로 방송에 출연해야 하는 아이들과 그 가족의 모습을 접할 때면 세계적인 경제력을 가진 국가에 살고 있는 것이 맞는지 질문하게 된다. 아동과 관련된 안타까운 상황을 많이 마주하게 되지만 가장 답답하고 무력감을 느끼는 순간 중 하나가 병원비로 어려움을 겪고 있는 아동의 상황을 목격하게 될 때이다. 희귀난치성 질환에 걸렸거나 고액의 수술비가 필요한 경우, 장기간의 치료 또는 24시간 간병이 필요한 경우 등 아픈 아이가 있는 가정은 치료비와 간병 부담에 가정 전체가 흔들린다. 병원비 후원을 받은 경험이 있는 환아 가정의 경제 상황을 분석한 결과를 보면 실제로 103가구 중 55.3%가 월소득이 감소했고 이중 68%는 아동의 병간호로 보호자가 회사를 그만둬야 했거나 정규직에서 일용직으로 일자리를 바꿔야 했기 때문에 소득이 감소한 것으로 나타났다. 103가구 중 77가구는 부채가 있었고 20가구가 병원비 걱정으로 자녀를 적극적으로 치료하지 못했다고 답했다. 환아 가정 다수는 치료비 마련을 위해 아동의 건강 상태, 경제 상황 등 내밀한 이야기들을 불특정 다수 또는 후원자에게 내보여야 했다.

이 조사 결과와 환아 가정의 이야기는 "왜 가난한 아이는 아프고 왜 아이가 아프면 가난해지나"라는 제목의 첫 번째 기사와 함께 연속 보도되었다. 연재 기사에는 온정에 기대지 않으면 아이의 치료도, 가정의 정상적인 유지도 어려운 환아 가정의 현실과 함께 정책의 변화를 촉구하는 내용이 담겼다. 이런 언론 보도를 비롯해 사회복지단체들의 지속적인 노력, 국민적 관심이 모아지면서 어린이 병원비에 대한 국가보장률은 지속적으로 높아지고 있다. 특히 문재인 전 대통령이 후보 시절 시민사회에서 제안한 어린이병원비 국가보장을 아동공약 1호로 발표하면서 보장성이 대폭 확대되었다. 기존 정책이 환아 가정이 병원비 때문에 가난해질 때까지 기다렸다가 복지 대상의 자격이 갖춰졌을 때 지원하는 식이었다면 현재는 애초에 가정이 무너지지 않도록 의료비 부담 자체를 낮추는 방식에 가까워지고 있다. 하지만 치료비 모금을 위한 후원 광고는 지금도 계속되고 있고 아동의 보호자들은 갑작스럽게 병원비 부담이 늘어날 상황에 대비해 가계 부담을 감수하면서도 사보험에 가입하고 있다.

독일, 프랑스, 대만, 일본 등 사회보장제도가 갖춰진 국가에서는 아동 의료비가 사실상 무상에 가깝거나 개인이 부담하는 병원비의

상한선이 최대 연 100만 원 수준으로 정해져 있다. 우리나라가 선진국, 경제 대국이라고 말하면서 국가 재정 때문에 어린이 병원비 보장률을 더 높이지 못한다는 핑계를 대긴 어려워 보인다. 결국 우리 사회가 아동을 어떤 존재로 바라보는지, 아동의 생명을 얼마나 귀하게 여기는지에 따라 달라지는 것이 아닐까. 어린이 병원비를 국가에서 보장해달라는 활동을 하면서 만났던 보호자들은 아픈 아이를 바라보는 것만으로도 힘든데 마음껏 치료해주지도 못하는 상황이라 괴롭다는 이야기를 했다. 아픈 것도 서러운데 자꾸만 카메라 앞에 모습을 드러내야 하는 아이를 보며 부모들의 마음은 더 무너진다.

병원비 지원 제도에 대한 이야기를 나누기 위해 국회에서 열리는 토론회에 환아 아버지 한 분을 초대한 적이 있다. 행사에 초대된 아이의 아버지는 후원 기관에서 온 사람들을 보자마자 불편한 심기를 드러냈다. 단체에서 후원금을 지원해주면서 아이 치료비를 다른 곳에 쓰는 것은 아닌지 늘 감시하는 기분이고 의심받는 것 같아서 불편하다는 이야기였다. 곧 행사가 시작되는데 정치인들과 언론 앞에서도 화를 내시면 어쩌나 걱정이 들기도 했다. 그런데 그 아버지는 "환아 가정의 의료비 부담 현실에 대해서 한 말씀 해달라"는 요청을 받자마자 눈물을 터트렸다. 설움이 복받쳐 말을 제대로 이어가지도 못했다. "며칠만 입원해도 천만 원…, 오늘처럼 날씨 좋은 날, 소풍이라도…." 이런 말들이 울음과 섞여 겨우 한 단어씩 새어 나올 뿐이었다. 병원비 후원을 받을 때마다 눈치 보이고, 마음이 불편하다는 이야기도 하지 못했고, 왜 우리나라는 다른 나라처럼 아이들 병원비 지원을 충분히 해주지 않느냐는 질문도 하지 못했다. 오랜만에 외출하면서 느껴본 따뜻한 날씨가 당신의 처지와 아이의 상황을 더 서럽게 만들 뿐이었다. 언제까지 이렇게 눈치 보며 아이를 치료해야 하는지 괴롭다고 차라리 큰 소리로 화라도 내셨다면 좋았겠다는 생각이 뒤늦게서야 들었다.

유엔아동권리협약 4조에는 국가는 아동의 권리 실현을 위해 가용 자원의 최대한도까지 조치를 취해야 한다고 명시되어 있다. 최소한이 아니다. 쓸 것 다 쓰고 남은 만큼만 하라는 것도 아니다. 국가가 아동을 지키기 위해 최선의 노력을 다하고 최대한의 자원을 동원하지 않는다면 아동의 생명과 존엄함은 온정에 따라, 또는 운에 따라 지켜지거나 훼손될 수밖에 없다.

장애가 있는 아동의 권리

아동들과 함께 아동권리협약 이행 상황을 점검하는 활동을 몇 년간 진행하면서 여러 지역에서 다양한 상황에 있는 아동들을 만날 수 있는 기회가 있었다. 아름다운 자연환경과 유명 관광지 때문에 오히려 고통받고 있는 제주도의 아이들, 같은 한국임에도 불구하고 문화 시설, 놀이 시설 등을 TV로 밖에 접할 수 없는 농촌 지역의 아이들을 비롯해 대외 활동은 늘 성적이 좋은 아이들에게만 참여할 기회가 돌아가기 때문에 불만이라는 아이들도 만날 수 있었다. 사는 곳과 환경, 성적과 경제적 상황 등에 따라 아이들은 매우 다른 삶을 살고 있었다.

아이들을 향한 차별에 여러 가지 원인이 있지만 그중에서도 특히 아동의 장애 유무에 따라 엄청난 격차가 발생하고 있다는 것을 활동에 참여한 장애 아동을 통해 알게 되었다. 휠체어를 타는 이 아동과 함께 아동 참여 활동을 진행하면서 우리 사회가 얼마나 비장애인에게 맞춰져 있는지, 특히 장애 아동에 대한 고려가 없는지 깨닫는 순간이 많았다. 여러 명의 아동 중 딱 한 명의 아동이 신체장애를 갖고 있었을 뿐인데 거의 모든 활동과 의사 결정에 걸림돌이 발생했다. 식사 장소, 숙박 장소, 발표회 장소 등을 선정할 때마다 문제없이 진행된 적이 거의 없다. 입구에 설치된 턱이 있거나 유일한 이동 통로가 계단뿐이라 전동 휠체어가 들어갈 수 없는 식당은 너무나도 많았다. 엘리베이터가 고장이 나거나 없어서 층간 이동을 계단으로만 해야 하기 때문에 장애인은 이용할 수 없는 숙박 시설도 있었다. 심지어 기업과 정부의 주요 행사가 자주 열리는 국제회의장조차 휠체어 경사로를 갖추고 있지 않아서 렌탈을 해야 하기도 했다. 특히 보호자가 동행하지 않으면 숙소 이용, 화장실 사용 등이 거의 불가능한 곳이 대다수였다. 엘리베이터를 고쳐달라고 요청하고 장애인도 이용 가능한 설비를 마련해달라고 수차례 요청해도 거절당하는 일이 부지기수였다.

그런데 매 순간 특별한 고려가 없이는 한 발자국 떼기도 힘들었던 이런 상황에서 벗어난 때가 딱 한 번 있었다. 장애 아동을 포함한 한국의 아동 대표단이 스위스 제네바에서 열리는 회의에 참여했을 때의 일이다. 당시 동행했던 동료들에게 어려움이 없었는지 물었더니 한국에서와는 전혀 달랐다는 답이 돌아왔다. 휠체어를 탄 아동이 도로에 나서면 건너편에 있는 차까지도 대부분 멈춰 섰고 대중교통을 이용할 때나 건물, 식당을 이용할 때 거의 어려움이 없었다고 한다. 국제기구가 많은 도시이기 때문에 특별히 그랬던 것인지 유럽 어디에서나 장애인의 이동성이 충분히 보장되는지는 확신할 수 없다. 하지만 제네바에서 일어난 이야기를 통해 그런 세상이 가능하다는 것을 알지 못했다면 한 도시가 장애 아동을 대하는 방식에 대한 나의 상상력에는 한계가 있었을 것이다.

아동은 성장하는 과정에서 특별한 보호가 필요한 존재인 만큼 장애 아동을 위한 세심한 사회 시스템이 마련되어야 한다. 하지만 모든 아동에게 필수적인 학교, 놀이터 같은 곳에서도 장애가 있는 아동은 보이지 않는 존재가 된다. 모든 아동에게는 교육받을 권리가 있고 초중등 교육과정이 의무교육임에도 불구하고 해당 학교에 장애 학생이 다니고 있지 않다면 학교가 무장애 시설을 갖추는 것은 필수가 아니다. 장애 아동이 입학한 후에 시설 보강을 시작해서 불편함을 겪어야 한다거나 시설이 없기 때문에 가고 싶은 학교를 가지 못하는 상황도 발생하게 된다.

아동뿐 아니라 보호자, 교직원 등이 장애인일 수 있음에도 불구하고 비장애인 전용 학교와 시설이 기본값처럼 여겨진다. 무장애놀이터 디자인 심사에 참여했을 때 신체장애가 있는 심사위원 한 분이 이런 이야기를 전해주었다. 자신은 평생 놀이터에서 놀아본 적이 없어서 놀이터에서 노는 기분을 알지 못한다고 했다. 그런데 본인이 어렸을 때 못 놀았던 것에 대한 아쉬움이나 원망보다 현재 비장애인인 자신의 자녀와 함께 놀아주지 못하는 현실이 더 아쉽고 미안하다고 했다. 무장애놀이터가 만들어진다면 장애 아동뿐 아니라 장애가 있는 보호자에게도 큰 선물이 될 것 같다고 했다. 수영장을 비롯해 대부분의 체육시설, 문화시설 등이 비장애인의 전유물처럼 만들어져 있기 때문에 장애가 있는 아동 또는 장애 보호자가 있는 아동들의 활동이 함께 제한되고 있는 것이 우리나라 현실이다.

우리 사회가 장애 아동을 보이지 않는 존재로 만들고 특별히 고려하지 않고 있기 때문에 장애 아동이 뭐라도 하기 위해서는 모든 과정이 특별해야만 한다. 나를 위한 자리가 없는 도시, 나를 환영해 주지 않는 사람들 속에서 특별한 수고와 수많은 실패를 경험해야 한다.

유엔아동권리위원들은 대한민국 심의과정에서 한국 아동 대표단을 초대했고 대표단으로 참여한 장애 아동을 통해 무장애설비가 없다는 이유 때문에 가고 싶은 학교에 갈 수 없었던 이야기를 비롯해 장애 아동에 대한 배제와 차별, 기회 박탈에 관한 한국의 현실을 파악했다. 이후 위원회는 학교 기반 시설과 체육, 여가 활동에 필요한 시설 등 모든 장애 아동을 위해 통합교육을 제공할 것을 한국 정부에 권고했다.

제네바는 꿈의 도시가 아니다. 스위스가 우리가 감히 넘보지 못할 수준의 복지국가인 것도 아니다. 모든 아이들은 장애 유무와는 관계없이 건강하게 자라야 한다는 것을 기억하면 된다. 장애가 있다고 해서 집이나 시설에서만 사는 것이 아니며 누구나 공원에 가고 놀이터에도 가고 내가 원하는 학교에 갈 수 있어야 한다는 너무나도 당연한 사실만 잊지 않으면 된다. 그리고 제네바의 시민들과 유엔아동권리위원들이 했던 것처럼 그들의 존재를 인식하고 그들의 이야기를 듣기만 하면 된다.

코로나19와 가정 밖 아동

코로나19로 인해 우리 사회가 갖고 있던 문제, 가장 취약한 존재가 누구인지 드러났다는 이야기를 자주 듣게 된다. 사회가 크게 관심 갖지 않았거나 모른 척하고 있었던 노인요양시설의 취약함이 드러났고 학교와 지역사회의 돌봄 기능이 아동과 가정에게 얼마나 필수적인지, 우리 사회에 꼭 필요한 필수 노동자들의 역할이 얼마나 중요했는지 등 다양한 논의가 진행되고 있다. 하지만 대부분의 논의는 여전히 성인 중심이고 아동에 대한 관심은 부족하다. 특히 가정 밖에서 보호받고 있는 아동들은 코로나19로 인해 더욱 취약한 상황에 놓일 수 있기 때문에 더 많은 관심과 적극적인 지원이 필요함에도 불구하고 여전히 보이지 않는 존재로 남아있는 것 같다. 단체 생활을 하는 시설 아동들이 집단 감염을 예방한다는 이유로 수개월 동안 외출과 가족 면회조차 제한당했지만 사회적 관심은 거의 없었다.

시설 아동들은 코로나 발생 이후 긴 시간 동안 코호트 격리 수준의 지침을 따라야 했다. 사회적 거리두기가 아닌 사회와의 거리두기가 시행된 것이다. '아동복지시설 코로나19 대응 지침'에 따라 아동들은 외출, 외박, 면회 등이 전면 금지되거나 통제되었다. 하지만 시설 전체가 코호트 격리된 것은 아니었다. 시설 종사자 외출과 외부인 방문은 허락되었음에도 불구하고 아동들의 일상만 통제된 것이다. 자유를 박탈당한 상황이 아님에도 감염병 대응을 이유로 이정도 수위로 상시적이고 포괄적으로 통제받는 주체가 아동 말고 또 있었는지 의문이다.

인원수에 따라 직계가족, 동거가족의 만남이 허락되었을 때조차도 시설보호 아동들은 부모, 친척 등 원가정을 만날 수 없었고 시설에서 함께 생활하는 같은 방 친구들과도 외출할 수 없었다. 어느 쪽도 아동에게 방역수칙상 만남이 허용되는 가족이 아니었다. 아동은 시설이 집이 아니고 가족이 온전한 가족이 아닌 상황을 직면해야 했다. 이러한 통제 과정에서 시설 밖 아동, 성인들과의 명백한 차별이 장기간 발생했다.

코로나19가 길어짐에 따라 요양시설에 비대면 면회실이 만들어지는 등 대안이 논의된 것과 다르게 아동 시설에서는 면회 전면 금지 기조가 상당 기간 유지됐던 것 또한 차별적이다. 아동이 원가족과 교류하거나 지역사회와 소통하며 지지를 얻는 것이 아동의 성장과 자립에 매우 중요함에도 불구하고 이를 위한 노력은 부족했다. 이러한 상황으로 인해 시설보호아동과 가정에서 생활하는 아동의 차별점이 더욱 드러나게 되고, 시설보호아동은 과도한 규제로 인한 스트레스와 상대적 박탈감을 느낄 수밖에 없었다. 감염은 방역수칙을 지키지 않았을 때 발생하는 것임에도 불구하고 시설 아동은 방역수칙을 지킬 것을 요구받는 것 이상의 기본적 행위를 제한받았다.

이렇게 대규모 아동 시설에 방역 수칙이 과도하게 적용되는 이유는 영유아부터 18세에 이르는 수십 명의 아동이 공동생활을 하기 때문이다. 이 때문에 아동과 종사자들은 집단 감염으로 확산되지 않기 위해 많은 노력을 하는 동시에 과도한 책임감과 부담감을 느껴야 했다. 식사를 교대로 해야 하기 때문에 오후 5시에 저녁을 먹는 경우도 있었고 자립 준비를 위한 활동, 예체능 활동, 교우 관계도 제한되었다. 아이들은 학교 수업이 끝나면 곧장 시설로 돌아와야 했다. 친구들이 방과 후에 떡볶이를 먹자고 할 때, 놀이터에 가자고 할 때마다 안 된다는 대답을 몇 번이나 해야 했을지, 그 대답을 할 때마다 아동들은 어떤 기분이었을지 짐작하기 어렵다. 가장 적극적으로 방역에 협조한 주체임에도 불구하고 아동들은 기본적인 권리마저도 누리지 못한 것이다. 아동들은 왜 자신들이 방역 수칙 준수 여부와 관계없이 활동부터 제약받아야 하는지, 가족, 친구와의 교류가 단절되어야 하는지에 대해 충분하고 친절한 설명을 듣지 못한 채 코로나19 상황을 견뎌야 했다. 이 기간 동안 시설보호를 받고 있다는 정체성이 아동의 삶을 압도했고 시설보호아동으로 범주화되는 일은 더욱 강화되었다.

문제는 감염 확산의 위험을 통제하기 위해 시설의 시스템, 환경을 바꾸려고 노력하는 것이 아니라 아동의 삶이 통제되었다는 것이다. 물리적 환경의 변화, 돌봄을 지원하는 인력의 보강 등의 대안은 부족했고, 강력한 방역 수칙이 적용되고 방역용품이 제공되었을 뿐이다. 지원 없는 책임만 강조되었다.

통제 상황이 계속되면서 보육교사와 아동과의 갈등이 심화되거나 아동 간의 다툼이 발생하는 일도 잦아졌다는 이야기들도 들려왔다. 코로나로 인해 시설 종사자들의 돌봄 노동은 가중되었지만 대체인력이 없어 충분한 휴식이 부족한 상황이고, 다양한 특성과 배경을 가진 아동들을 양육하는 것에 대한 어려움을 느끼고 있었다. 필수노동자인 돌봄 노동자로서의 시설 종사자에 대한 사회적 관심과 지원은 턱없이 부족했다. 앞으로도 계속 발생할 수 있는 감염병에 대비해 정부에서 정당한 보상과 인정, 처우개선 방안을 마련해야 하고, 지자체 단위에서 가사 노동 지원, 양육 코칭 지원, 지역 네트워크 활용 등 다양한 방법을 마련해야 한다.

무엇보다 당사자인 아동들의 의견을 듣는 일부터 시작해야 한다. 아동은 자신과 관계되거나 영향을 미칠 수 있는 일에 대해 의견을 내고 존중받을 권리가 있다. 코로나19와 관련해서도 단순한 정보를 제공받거나 수칙을 따르는 단계를 넘어 실질적인 소통과 참여가 이루어질 수 있어야 한다. 아동에게 아동친화적인 방식으로 정보가 제공되고 아동이 의사 결정의 주체로서 자신과 관련된 일에 개입할 수 있어야 한다. 아동의 의견이 반영되기 힘든 상황이라고 해도 당사자인 아동과 소통하고 조율하는 과정에서 배제당한다면 아동들은 권리를 제한받는 경험을 하게 될 것이며 스스로 문제를 해결하고 의견을 내는 능력을 키우는데 어려움을 겪게 될 것이다.

시설 내 일상 속에서 스스로의 삶을 결정할 수 없다면 이후의 자립 또한 어려울 수밖에 없다. 최근 보호종료아동의 자립에 대한 관심과 지원이 확대되고 있는데 자립은 보호종료 후 시작되는 것이 아니고 자립생활기술, 개인적 역량을 키우는 것만으로 가능하지 않다. 불편한 상황, 불평등한 관계를 바꾸는 힘이 있어야 하고 나와 관계된 결정을 스스로 할 수 있어야 자립할 수 있다. 서비스의 수혜자, 돌봄의 대상이 아닌 주체적인 존재로서 시설 내에서 생활할 수 있어야 한다.

코로나19로 인해 우리 사회에서 드러난 문제들은 대부분 감염병 자체가 원인이라기보다 구조적인 문제, 이미 상존하고 있던 과제들이다. 감염병을 계기로 아동보호체계에 대한 장기적인 계획, 기능 전환 및 보강에 관한 논의를 지자체, 시설, 아동, 보호자, 지역사회와 함께 시작해야 한다. 대규모 양육 시설에 대한 설치 기준, 건축 기준이 마련되어 있지만 적정한 주거환경이라거나, 아동 발달에 적합한 쾌적한 환경이라고 보기에는 무리가 있다.

특히 감염병으로 인한 원격 수업, 자가 격리 등의 상황에 대처하기에 어렵고 집단 감염의 우려가 있다. 가정과 유사한 환경을 조성하여 위험을 최소화하고 시설에서 생활하는 아동과 종사자가 과도하게 규제받는 것을 방지해야 한다. 또한 독립적인 공간 부족에 대한 어려움을 많이 호소하고 있는 청소년기 아동을 위해 침실 분리,

개인 공간 조성, 소규모화 등 기존 시설에 대한 기능 보강도 지원되어야 한다. 이 과정에 시설 생활 경험이 있는 보호종료아동이 참여할 수 있다면 보다 효과적일 것이다. 식당을 함께 써야 하기 때문에 이른 저녁밥을 먹고, 방을 함께 쓰기 때문에 밤에 불을 켜놓을 수 없고, 한 명의 방역이 아니라 수십 명의 방역에 대한 책임감을 느껴야 하는 지금과 같은 대규모 시설의 한계에 대한 대안이 마련되어야 한다.

코로나19 시기 동안 시설 아동이 겪었던 문제는 감염병 때문만이 아니었기 때문에 코로나19가 끝났지만 문제는 해결되지 않았다. 감염병이 재난이 아니라 그로 인해 드러난 고통, 문제들이 해결되지 않는 것이 아동들에게는 진짜 재난일 것이다. 아동들이 사회와 거리를 두어야 하는 존재가 되지 않도록 아동들의 고통에 귀 기울이고, 방역 지침과 시설보호 체계 전반에 대한 개선이 이루어져야 한다.

유엔은 '아동의 대안양육을 위한 지침'을 통해 대규모 양육 시설이 필수적인 역할을 한다는 점을 인정하면서도 아동 발달에 유리한 서비스와 환경을 보장하기 위한 맞춤형 및 소그룹 돌봄을 권고하고 있다. 그리고 2019년 한국 정부에 구체적인 탈시설 계획을 통해 아동의 시설보호를 단계적으로 폐쇄하라고 권고한 바 있다. 코로나19를 계기로 드러난 대규모 양육 시설의 취약함을 보완하고 아동 이익을 최우선으로 고려하는 보호체계로 전환하는 논의를 보다 적극적으로 시작해야 한다.

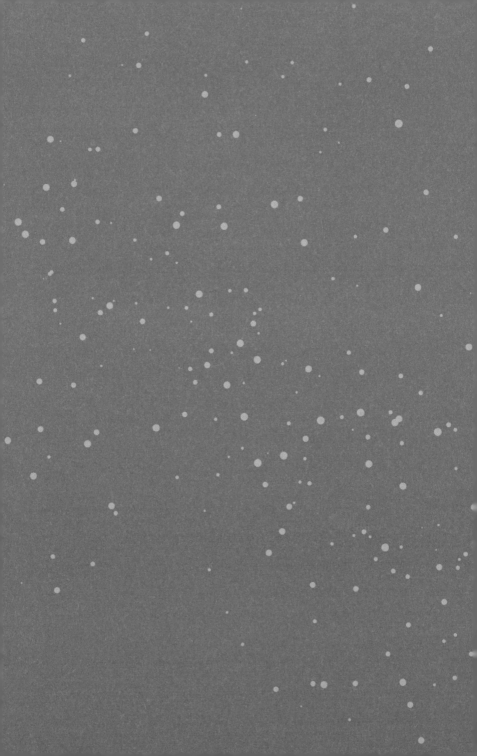

02

아동을 사랑하는 나라를 위해

이선영

권리에 대해 알 권리

아동이 행복한 나라가 되려면 어떻게 해야 할까? 다양한 논의가 가능하겠지만 아동권리 측면에서 살펴본다면 아동의 권리 그 자체에 대해 먼저 인식하는 것이 중요하다. 그리고 국제적인 기준인 유엔아동권리협약을 준거로 아동권리 실현 방안을 모색하는 것이 그 시작이라고 말할 수 있다. 사실 인류는 긴 세월 아동권리에 대한 인식과 제도가 없는 상태에서도 아이들을 사랑하고 돌보며 살아왔다. 소파 방정환이 어린이라는 말을 대중적으로 알리고 아동을 어떻게 대해야 하는지에 관한 선언을 한 것은 100여 년 전의 일이고 아동인권 선구자들의 정신이 담긴 유엔아동권리협약이 만들어진 시기 역시 불과 30여 년 전이다. 아동권리에 대한 지식과 정보가 전혀 없다고 하더라도 아동을 존중하고 보호하는 사람들은 역사 속에서, 그리고 지금도 많이 있다. 하지만 우리 사회 곳곳에 아동의 몫이 없는 공간, 아동이 온전한 한 사람으로서 대접받지 못하는 장면들이 많다는 것은 아동이라는 존재에 대한 인식조차 부족한 사람들이 아직 많이 있다는 현실을 보여준다.

아동권리를 인식하고 관련 제도가 갖춰진다고 해서 곧바로 아동의 행복이 보장되는 것은 당연히 아니다. 하지만 아동의 권리에 대해 안다는 것은 아동에 대한 가치관, 아동을 대하는 사회의 태도를 형성하는 데 분명한 도움을 줄 수 있다. 아동이 인권을 가진 존재라는 것을 애써 설득할 필요가 없고 복잡한 권리 조항들을 거론하지 않아도 모든 아동이 차별 없이 존중받는 사회라면 아동권리협약은 더 이상 필요 없게 될 것이다.

2021년 유엔아동권리협약 비준 30주년을 맞아 실시한 한 조사에 따르면 초등학교 5학년~고등학교 2학년 자녀를 둔 부모와 자녀 500명(250가구) 중 아동의 73.2%, 부모의 55.2%가 아동권리협약을 모른다고 답변했다고 한다. 유엔아동권리위원회에서 한국의 협약 이행상황을 점검할 때마다 "협약에 대한 인지도를 높이기 위해 노력하라"는 권고를 반복해왔고 이 권고에 따라 정부와 민간단체 등이 협약을 알리기 위해 많은 노력을 해왔지만 아직 부족하다는 사실을 보여주는 조사 결과다. 협약에 대한 인지도가 낮은 여러 가지 이유가 있겠지만 우리에게 국제협약에 대한 심리적 장벽 또는 편견이 있기 때문이라는 생각을 하게 된다.

유엔아동권리협약은 국제법 문서이기 때문에 처음 접하면 매우 딱딱하고 어렵게 느껴질 수 있다. 어찌 보면 당연한 이야기들을 어럽게 써놨다고 생각할 수 있고 구체적인 지침도 없이 이상적인 말들만 나열했다고 느낄 수도 있다. 하지만 자세히 들여다볼수록 협약은 우리가 아동이라는 존재에 대해 제대로 인식할 수 있도록 구체적으로 도움을 줄 뿐만 아니라 아동의 인권을 존중하기 위한 가이드라인을 제공하고 있다는 사실을 알게 된다. 무엇보다 권리와 의무, 권리 주체자와 의무이행자에 대해 명확한 방향을 제시하고 있는 매우 실용적인 문서이다. 아동권리협약을 비롯해 세계인권선언 등 국제협약을 사문화시키거나 유명무실하게 만드는 것은 협약 자체의 결함, 한계라기보다는 나와는 상관없는 일이라고 생각하는 태도 또는 무관심의 결과일 수 있고 협약이 내포한 가치와 세부적인 내용들을 우리 사회의 맥락에 맞게 적극적으로 해석하려는 노력이 부족한 탓일 수 있다.

협약의 가치를 공유하고 실천하기 위해서는 무엇보다 그 내용에 대해 충분히 이해하는 태도가 선행되어야 한다. 그래서 유엔은 1995년 인권교육 10개년 행동계획 발표에 이어 최근까지 제1차~제3차에 이르는 세계인권교육프로그램 행동계획을 수립하고 실천해왔다. 특히 2011년에는 유엔 인권교육훈련선언을 채택했다. 모든 사람의 '인권교육을 받을 권리'를 보다 명확하게 선언한 것이자 인권에 대한 교육을 받지 않는 것 자체가 인권 침해라는 것을 강조한 것이다. 특히 인권교육훈련의 책임이 국가와 정부 기관에 있다는 것을 명확히 밝히고 있다.

유엔은 인권교육 지도원칙을 통해 "인권교육은 인권을 추상적인 규범의 표현으로부터 학습자 자신의 사회·경제·문화·정치적 상황의 현실로 변화시킬 수 있는 수단과 방법에 대한 대화에 학습자들이 참여하도록 해야 한다"고 밝히고 있다. 학습자에게 수단과 방법을 가르치는 것이 목적이 아니라 학습자들이 직접 대화에 참여하는 것이 중요하다는 것을 강조하고 있다. 인권에 관한 지식, 인권 기준 및 원칙에 대해 이해하는 것과 함께 자신과 타인의 권리를 보호할 수 있는 역량을 강화하는 것, 변화의 수단과 방법을 스스로 익히는 것이 교육의 목적이라고 해석할 수 있다. 아동의 보호권에 대한 교육을 예로 든다면 수동적인 위치에서 폭력 예방에 대해 학습하거나 행동 지침을 배우는 것에 그치는 것이 아니라 폭력 문제의 당사자로서 아동 스스로 주체적으로 문제를 해결하고 변화시킬 수 있는 역량을 키우는 것이 중요하다.

인권교육의 중요성에 대한 인식이 확산되면서 정부, 교육기관, 사회복지단체, NGO 등에서 인권교육이 점차 확대되고 있고 인권교육을 필수적으로 받아야 하는 대상들도 점차 늘어나고 있다. 이렇게 교육이 확산될수록 인권 인식이 높아지고 사회의 전반적인 인권 감수성이 향상되는 것을 기대할 수 있겠지만 우려되는 부분도 있다. 특히 인권교육을 의무적으로 실시해야 하는 기관, 대상이 늘어나면서 시수를 채우기 위해 동영상 강의, 대규모 집체교육 등 상대적으로 실효성이 떨어지는 교육 방식을 택하는 경우도 함께 늘어나고 있다.

의무적으로 인권교육을 해야 하는 기관에서 강의 요청을 받을 때가 간혹 있는데 요청하는 내용을 보면 그 기관이 인권교육을 어떻게 생각하는지, 조직의 인권감수성은 어느 정도인지 조금이나마 짐작할 수 있게 된다. 한번은 양육 시설 아동들에게 토요일 오전 9시에 교육을 해달라고 요청하는 기관이 있었는데 가정에서 생활하는 아이들이라면 토요일 아침부터 강당에 있는 딱딱한 책상에 앉아 의무교육을 받을 리는 없다는 생각이 들어 시간 조정을 요청하기도 했다. 반면 수개월 동안 꾸준히 아동권리에 대해 배우고 토론하며 아동들이 스스로 기획하는 옹호 활동까지 진행하는 지역아동센터와 양육 시설도 있다. 백 명 이상을 강당에 모아놓고 한두 시간의 특강으로 공무원 교육을 해달라는 지자체가 있는가 하면 아동과 관련된 일을 하는 관계자들을 특별히 모아 참여형 교육을 여러 회기에 걸쳐 진행하는 지자체도 있다. 연말이 되어서야 필수교육 시수를 채우기 위해 다급하게 교육을 요청하는 기관도 의외로 많이 있다.

인권교육훈련은 전 연령층을 포괄하는 평생교육과정으로 진행되어야 하고 전 사회 분야에서 실시되어야 함에도 불구하고 특정 직업군이나 기관에서만 하면 되는 교육처럼 여겨지기도 한다. 심지어 교원, 공무원, 법조인 등 아동과 함께 일하는 사람들, 아동과 관련된 중요한 결정을 해야 하는 사람들조차 아동권리교육을 충분히 받을 기회가 없어 아동권리에 대한 인식 없이 일하는 경우도 발생하게 된다. 보호의 대상이자 권리를 가진 주체이고 성장 과정에 있기 때문에 미성숙함에 대한 지도가 필요하지만 자율성도 충분히 보장해야 하는 아동기의 특별함을 이해하지 못한다면 성인들의 결정이 때로는 아동의 권리를 침해하는 결과를 낳을 수도 있다.

2019년 아동과 부모 각각 2천 명을 대상으로 아동권리교육 경험과 권리 인식에 대해 조사한 결과에 따르면 부모 42.2%, 자녀 60.2%가 인권교육을 받았다고 한다. 아동권리교육 경험이 있는 아동은 겨우 절반을 넘었고 부모는 절반에도 못 미치는 아쉬운 수치이다. 조사 결과를 보면 인권교육을 받은 아동은 받지 않은 아동에 비해 아동권리 인식과 참여 활동에 대한 지지도가 높았고 자아존중감과 삶의 만족도 역시 더 높았다. 특히 주목할 만한 것은 아동권리교육을 받은 부모가 아동권리에 대한 인식이 높았고 권리 인식이 높을수록 체벌에 대한 허용도가 낮았다. 인권교육을 받은 부모가 자녀에 대한 강요적 태도가 더 낮고 자녀의 의사 표현 존중 정도는 높았다. 권리 인식이 증진될수록 부모, 자녀 간 의사소통도 원활했다. 아동의 권리를 안다는 것이 아동 당사자의 권리를 증진시킬 뿐 아니라 아동과 성인과의 관계 개선, 환경을 변화시킬 수 있는 역량 강화까지 연결될 수 있고, 아동을 대상으로 하는 폭력을 예방하는 효과도 있을 수 있음을 보여주는 결과다. 앞서 협약이 들여다볼수록 우리 삶과 밀접한 실용적인 문서라고 이야기했던 것처럼 인권교육 역시 아동과 함께 살아가고 있는 우리 모두의 삶에 바로 영향을 미칠 수 있는 매우 실질적이고 필수적인 교육이다.

서울시 도봉구의 경우 아동친화도시를 준비하면서 제일 먼저 한 일이 아동 권리교육 교재를 아동단체와 함께 개발하는 것이었다. 아동 권리라고 하면 저개발국가 아동들의 이미지를 떠올리거나 딱딱한 법, 제도의 문제라고 생각하는 것에 주목해 쉽고 친숙하게 아동권리를 접할 수 있도록 일상 속 아동 권리 이슈를 소재로 만화를 활용해 워크북을 제작했다. 워크북을 제작하고 배포하는 것에 그치지 않고 지역 내 아동 권리 강사를 직접 양성하고 구청의 예산을 투입해 관내 모든 초등학교에서 권리교육을 진행하고 있다. 2017년부터 시작된 이 사업은 현재까지도 지속되고 있을 뿐 아니라 타 지자체로 확산되어 전국 곳곳에서 시행되고 있다. 아동친화도시를 내걸기 위해 새로운 건물을 짓거나 축제와 행사에 주력하는 단체들과 달리 당장 성과가 나거나 사회적으로 주목받을 수 있는 일이 아니고 장기적으로 자원이 많이 필요한 일임에도 불구하고 권리교육을 중점 사업으로 진행한 것은 매우 이례적인 일이다. 아동친화도시가 되기 위한 기초를 다지는 것의 중요성을 알았을 뿐 아니라 진짜 아동들에게 중요한 것이 무엇인지 파악했기 때문에 가능한 결정이라고 생각한다. 그 결과가 어떨지 분명히 도봉구에서 자란 아동들이 그들의 삶으로 보여줄 것이라는 기대를 갖게 된다.

소위 인권 선진국이라고 불리는 북유럽 국가의 유엔아동권리협약 이행 관련 문서를 보면 아동 권리에 대한 국민적 인식을 높이기 위해 더 노력하고 인권교육을 확대하라는 권고는 찾아보기 힘들다. 이미 이 단계를 넘어섰기 때문이다. 별도의 시간이나 과목을 배정하지 않아도 전 교육과정에 아동 권리교육이 반영되어 있고 인권교육이 사회 전반에서 자연스럽게 시행되고 있기 때문으로 보인다. 우리 정부의 협약 관련 문서에도 더 이상 "반복해서 권고한다"는 표현이 등장하지 않도록 더 많은 관심과 노력이 필요하다.

아동과 함께 한다는 것

최근 아동 권리에 대한 사회적 인식이 높아지고 아동과 관련된 일을 할 때는 아동 당사자의 의견이 반영되어야 한다는 논의가 확대되면서 아동 참여는 중요한 화두가 되고 있다. 아동인권계획을 세우거나 점검하기 위해 지자체에서 운영하는 협의체에 아동이 필수적으로 참여하기도 하고 다양한 이름의 참여기구도 운영되고 있다. 아동 양육 시설, 청소년 문화시설 등에서도 운영 회의에 아동 대표가 참여한다. 아동을 참여시킨다는 것은 말 그대로 아동과 함께 한다는 것이기 때문에 언뜻 생각하면 크게 어려워 보이지 않는 일이다. 회의 또는 협의체 구성원으로 아동을 몇 명 포함시키거나 행사에 참가자로 포함시키면 된다. 토론회에서 발언 기회를 줄 수도 있고 '어린이 국회', '청소년정책위원회' 등 아동만을 위한 행사를 열 수도 있다. 대부분의 성인은 이 단계에서 아동 참여가 달성되었다고 생각한다. 하지만 진짜 참여는 그 다음부터 시작되어야 하기 때문에 많은 순간 아동 참여는 실현되지 않는다.

한 지자체 아동인권위원회의에 참여했을 때 당시 위원장은 아동 위원에게만 자리에서 일어나 다른 위원들에게 인사할 것을 요구했다. 앉은 자리에서 돌아가며 자기소개를 간단히 하던 중 청소년을 대표해 참여한 학생 위원이 자기소개를 하자 위원장이 일어나서 인사를 해달라고 요청한 것이다. 다행히 한 위원이 위원장의 발언을 제지해 아동 위원들만 기립하는 일은 막을 수 있었다. 별것 아닌 일이라고 생각할 수도 있겠지만 아동의 인권을 보장하는 방안을 모색하기 위해 나름 전문성을 갖춘 사람들이 모인 자리에서 일어날 수 있는 일은 아니다. 그리고 이런 자리에 아동을 대표해 참석한 위원마저도 성인과 동등한 대우를 받지 못한다면 다른 곳에서는 어떨까 걱정되는 마음도 함께 생겼다.

한 토론회에서는 청소년 당사자가 토론문을 발표하자 사회자가 기특하고 대견하다며 입이 마르게 칭찬을 했다. 함께 참여했던 나를 비롯한 성인 토론자에게는 당연히 그와 같은 칭찬을 하지 않았다. 대부분의 토론회에서 토론자의 의견에 대한 공감과 지지는 누구나 표현할 수 있지만 토론문에 따라 토론자의 역량을 공개적으로 평가하는 일은 일어나지 않는다. 토론자는 치열하게 의견을 교환하기 위해 참석한 사람들이기 때문이다. 하지만 아동, 청소년 참여자들에게는 이런 일들이 자주 일어난다. 그들이 제시한 의견보다 아동이라는 사실에 더 관심을 갖는다거나 소위 스펙을 쌓기 위한 활동으로 여기기도 한다.

한 아동 시설에서 아동과 생활 교사가 시설 내 간식 시간, 외출 규정 등 일상에 관한 원칙을 합의하는 회의에 함께 참여했을 때의 경험은 이보다 더 심각했다. 몇몇 아동들이 교사의 의견에 반대하자 교사들은 아동들을 설득하기 위해 노력하는 대신 아동들의 태도를 문제 삼아 회의를 중단해 버렸다. 우리 사회 곳곳에서 아동 참여가 유행처럼 번지고 있지만 온전한 아동 참여가 이루어지고 있다고 할 수 있을까?

아동의 참여 수준을 로저 하트(Roger Hart) 교수가 정리한 '참여 사다리 모델'로 설명하면 1단계부터 8단계로 나뉜다. 1단계는 아동을 상징적인 도구로 이용하는 단계, 2단계는 아동을 장식처럼 동원하는 단계, 3단계는 아동이 명목상 참여는 하지만 의견을 개진하기 어려운 단계이다. 4, 5단계는 성인이 주로 정보를 제공하며 아동과 협의하는 단계다. 6단계는 성인 주도로 아동과 의사 결정을 공유하는 단계, 7단계는 아동이 스스로 주도하고 성인이 보조 역할로서 참여하여 감독하는 단계다. 8단계는 전반적인 과정을 아동이 스스로 주도하며 아동과 성인은 동등한 상황에서 의견을 공유하면서 의사 결정 과정에 참여한다. 언뜻 아동이 모든 과정에서 주도권을 잡는 7단계가 참여권이 가장 잘 지켜지는 상황이라고 생각하기 쉽지만 성인이 모든 주도권을 아동에게 넘겨주는 것이 아니라 동등하고 수평적으로 소통하는 8단계가 더 높은 수준의 참여를 보장하는 단계다.

존 그리샴의 소설 '의뢰인'을 보면 아동과 성인이 치열하게 의견을 교환하는 장면들이 많이 담겨있다. 소설은 범죄조직을 변호하던 사람의 죽음을 우연히 목격한 후 생명의 위협을 받고 있는 열두 살 소년 마크와 변호사 레지가 함께 문제를 해결해가는 내용이 주를 이루는데 마크와 레지가 참여 수준의 8단계 즉, 성인과 아동이 의사 결정을 공유하는 단계에 있는 장면이 많이 등장한다. 성인과 아동이라는 관계, 변호사와 의뢰인이라는 정체성은 두 사람의 의사 결정 과정에 영향을 미치지 않는다.

두 사람이 티격태격하고 언쟁을 하면서도 결국 합의에 이르게 되는 과정은 철저히 두 사람 각자의 경험과 감각을 기반으로 한다. 두 사람이 마주하는 위험이 어떤 것이냐에 따라서 때로는 마크가 레지의 말에 충실히 따르고 때로는 레지가 마크의 결정에 온전히 따르기도 한다. 그리고 격의 없이 소통하며 합의에 이른다. 어두운 숲길을 지나가야 할 때는 해가 지도록 숲에서 놀던 경험이 많고 겁이 없는 마크가 레지를 이끌고, 법정에서의 증거를 수집해야 할 때에는 레지가 마크의 행동을 이끄는 식이다. 그리고 중요한 결정을 할 때마다 그 결정이 서로에게 어떤 결과를 가져올지에 대해 토론하고 치열하게 합의한다.

생각해 보면 너무나 당연한 일이다. 어떤 사안에 대해 합리적인 답을 찾기 위해 다른 사람들과 의견을 나눌 때 나이가 더 많은 사람의 의견을 따라야 한다거나, 사회적 지위가 높은 사람의 말을 무조건 들어야 한다고 생각하는 사람은 많지 않을 것이다. 그런데 이상하게도 현실에서는 이 당연한 일이 당연하지 않게 된다.

코로나19 상황에서 등교수업은 어떤 방식이어야 하는지, 아동에 대한 폭력을 막기 위해서는 어떤 방법이 필요할지, 스쿨존 교통사고는 왜 계속되는지에 관한 이야기를 할 때도 마찬가지이다.

수년간 풀지 못하고 있는 아동 문제이지만 아동과 성인이 함께 토론하고 있는 곳을 찾아보기는 힘들다.

아동 참여는 아동에게 몇 자리를 내어주고 나란히 같은 장소에 앉는 것에서 완성되는 것이 아니다. 아동의 목소리가 비중 있게 받아들여질 때 완성된다. 아동이 의견을 내는 존재가 아니라 치열하게 토론하는 존재, 의견을 조정하고 합의를 함께 만들어나가는 주체일 때 완성된다. 동등한 의사결정권자로 참여하는 것이기 때문에 과도한 칭찬이나 평가는 필요 없다. 그래서 유엔아동권리위원회는 참여는 아동을 포함하는 일시적인 행위가 아니라 아동과 성인 간 치열한 의견교환의 출발점이라고 했다. 참여 자체가 목적이 아니라 참여를 통해 공동의 목표를 달성하기 위해서는 당연한 일이다. 우리는 지금 참여 사다리 어디쯤에 있는지, 올라갈 준비가 되어있는지부터 돌아봐야 한다. 그리고 아동과 관련된 일을 아동에게 묻는 일부터 시작해야 한다.

아동에게 가족, 집이란 무엇인가

한국은 여전히 핏줄을 중요시하는 사회다. 핏줄에 대한 신념이 강한 탓에 선진국에 비해 우리나라에서 아동 입양이 활성화되지 못하고 있고 친권이 지나치게 강력하게 작동한다고 분석하기도 한다. 그러다 보니 자신의 핏줄에 대해 확인하기 어렵다거나 핏줄로 엮인 가족 또는 친척이 없는 사람을 만나면 아주 중요한 무언가가 결핍된 사람으로 여기기도 한다. 불행한 사람, 불운한 사람 또는 도움이 필요한 상황이라고 생각하기도 한다.

하지만 소위 핏줄이라는 것이 정말로 존재한다면 어디서부터 어디까지가 그 사람의 핏줄인지, 그리고 핏줄이 이어지느냐 마느냐의 기준은 무엇인지 설명할 수 있을지 의문이다. 한 사람의 삶이 시작되기까지 셀 수 없이 많은 사람들이 연결되어 이어져 온 것인데 우리가 기록하고 기억할 수 있는 것은 기껏해야 몇 대, 몇 년밖에 되지 않는다. 그럼에도 불구하고 이 많은 연결 속에서 바로 직전에 연결된 딱 두 사람, 부모가 누구인지 모르거나 함께 살지 않는 사람을 만나면 핏줄을 모른다거나 뿌리를 알 수 없다고 여기며 마치 하늘에서 떨어진 것처럼 대하기도 한다.

『소울』(Soul)이라는 애니메이션 영화에는 태어나기 전 영혼들이 모여 사는 세상(Great Before)이 등장한다. 영혼들은 그곳에서 지구 통행증을 발급받아 지구에 온다. 엄마, 아빠를 통해서 태어나지만 사실 그 이전에는 같은 세계에서 개별적으로 존재하는 영혼이었다는 설정이다. 영화적인 설정이지만 지금 우리 사회에 꼭 필요한 관점, 가족에 대해 다시 생각해보는 소중한 단서를 제공해주고 있다. 세상에 온 아이들이 부모 두 사람의 존재만으로 태어난 것이 아니기에 당연히 부모의 소유물이 아닌 개별적 존재라는 것, 부모를 모른다고 뿌리가 없는 것이 아니며 핏줄 운운하는 사람들조차도 자신의 핏줄이 누구인지 고작 몇 명 알고 있을 뿐이라는 것 등이다.

하지만 우리나라에서는 부모를 경유하지 않고 아동의 존재를 증명하는 과정은 매우 힘든 일이다. 아이가 태어나면 바로 의료기관에 의해서도 출생이 등록되고 의료서비스 번호가 부여되는 나라들과 달리 우리나라에서는 부모가 출생 등록을 하지 않으면 정부가 이 사실을 알 수 없었다. 아동단체와 시민사회의 끈질긴 요구에도 불구하고 의료기관이 정부에 아기의 출생을 통보해야 하는 제도는 2023년에서야 개정되었다. 학대 사실이 알려진 후에야 세상에 존재가 드러났던 아이들을 비롯해 십여 년 동안 의료서비스도 교육도 받지 못한 채 살았다는 것이 뒤늦게 밝혀진 제주도의 세 자매, 체류 자격을 얻지 못한 부모에게서 태어난 미등록 이주 아동 등 우리 사회에는 '있지만 없는' 아이들이 수만 명 이상 있을 것으로 추정되고 있다.

출생 등록이 되어 있다고 해서 모든 아동의 기본적인 권리가 충족되는 것은 아니다. 부모를 거치지 않고 아동이 홀로 받을 수 있는 서비스와 접근할 수 있는 공적 체계는 거의 없다. 양육자의 폭력을 피해 가정 밖으로 나온 아동이 쉼터에 들어가기 위해 보호자 확인을 받아야 한다거나 아동 몫의 코로나 긴급지원금이 학대 가해자인 부모에게 지급되는 경우도 있다. 가정에서 보호받을 수 없어 양육 시설과 위탁 가정에서 살고 있는 아동의 경우에도 통장을 만드는 일, 핸드폰을 개설하는 일조차 부모의 친권으로 인해 복잡한 절차를 거쳐야 한다. 부모의 존재가 오히려 아동들의 권리를 제한하는 이유가 되기도 한다.

한 법의학 연구에 따르면 2016년 한 해 동안에 학대로 인한 사망만 148건으로 추정되고 있다. 유기되는 아동은 연평균 260명으로 1.4일에 1명씩 버려진다. 만약 1년에 148명이 폭력으로 죽는 어떤 장소가 있다면, 1년에 260명이 마땅히 있어야 할 곳에서 내쳐지는 일이 발생하는 장소가 있다면 어떤 대책들이 마련될까? 만약 직장이나 군대, 학교 등에서 위력에 의한 폭력으로 백 명씩 사망하고 이백 명씩 이유도 모른 채 쫓겨난다면 세상이 이토록 아무 일도 일어나지 않았던 것처럼 조용할 수 있을까?

아동학대가 발생할 때마다 정부는 "자녀는 부모의 소유가 아니다"라고 한다. "모든 아이는 우리의 아이"라고도 말한다. 그런데 누가 자녀를 부모의 소유로 묶어 두고 있는 것인지 의문이다. 폭력을 피해 집 밖을 선택한 탈가정 청소년들이 주로 받는 질문은 "언제 집에 돌아가냐"는 말이라고 한다. 탈가정한 상태를 일시적이라고 보기 때문에 이들을 위한 공적 지원 역시 대부분 임시적이다.

"부모님은 뭐하시냐"거나 "형제 관계는 어떻게 되냐", "고향이 어디냐" 같은 질문이 너무나 당연해 차별이라는 것조차 인식하지 못하는 사회에서 부모가 부재하다는 단 하나의 사실이 이들의 주요한 정체성이 되고 삶을 압도하기도 한다. 부모의 결핍이 그토록 중요한 일이라면 결핍을 보완하기 위해 사회적 자원과 노력이 투입되어야 할 텐데 이상하게도 이들이 사회적 보호를 받는 동안 그 결핍은 계속 드러나게 된다. 입양, 가정위탁, 아동 양육 시설, 그룹홈 등에서 공적 돌봄을 받는 아동을 위한 공적 자원이 충분하지 않아 보호대상 아동 대부분이 민간 후원을 받는다. 교육비, 피복비, 심리치료비, 간식비 등의 1인 기준이 대부분 정해져 있다. 그래서 특기를 개발하고 싶다거나, 장기간의 심리 상담이 필요한 경우, 의료비 부담이 큰 경우 등 많은 상황에서 아동들에게 추가적인 자원이 필요해지고 이 경우 후원금에 의존할 수밖에 없다.

아동이 후원금에 의해 성장해야 한다는 것은 그의 삶이 운에 달려있는 것과 크게 다르지 않다. 하고 싶은 일, 사고 싶은 물건이 있을 때 떼를 한 번 부려 본다거나 보호자와 상의해서 결정할 수 있는 것이 아니라 누군가의 도움을 받을 수 있느냐 없느냐에 따라 달라진다. 마치 크리스마스 선물처럼 누가, 얼마나, 무엇을 줄지 모르는 막연한 일상을 산다는 것이고, 그럼에도 불구하고 늘 받는 입장이기 때문에 늘 고마워해야 하는 삶을 산다는 말이다. 어쩌면 크리스마스 캐럴의 가사처럼 '착한 아이가 되기 위해, 울지 않기 위해' 노력해야 했을지 모른다.

유엔아동권리협약에는 가족이 아동의 성장과 복지를 위한 사회의 기초집단이며 부모에게 아동의 양육과 발달에 일차적 책임이 있다는 것과 그 가족이 그 책임을 충분히 감당할 수 있도록 보호하고 돕는 일은 국가의 책임이라는 내용이 명시되어 있다. 가족이 책임을 다하도록 돕기 위해서는 우선 가족, 집에 대한 과도한 기대 또는 착각에서 벗어나야 한다. 우리나라에서 보육원, 그룹홈과 같은 가정 밖 시설에서 생활하고 있는 아동이 2만여 명, 탈가정한 아동, 청소년은 20만 명 이상으로 추정된다. 출생신고조차 되지 않아 아무도 찾지 않는 아동, 어느 날 세상에서 사라진다고 해도 아무도 알 수 없는 아동은 최소 8천 명, 최대 2만 명으로 추정된다. 학대 신고된 아동은 한 해 2만여 명에 이른다. 이미 많은 아동이 집 밖에 있거나 집에 있는 것이 오히려 위험한 상황에 놓어 있다.

어떤 도로에서 계속 사망 사고가 발생한다면 우리는 그 도로를 그대로 놔두지 않을 것이다. 그곳의 신호 체계를 점검하고 방지턱을 만들거나 속도측정기를 설치할 것이다. 인력도 투입하고 교통안전을 위한 교육도 강화할 것이다. 도로 주변도 정비할 것이다. 집도 마찬가지다. 어떤 아동들에게는 집이 위험한 장소일 수 있다는 사실부터 인정해야 한다. 학대를 있는 그대로의 폭력으로 인식해야 한다. 집과 연결된 곳, 집 주변을 정비하고 그 집에 사는 사람들을 교육해야 한다. 자녀를 부모의 소유물로 여기게 하는 제도부터 바꿔야 하고 아이들이 가정 밖에서도 자랄 수 있도록, 혈연 가족 외에도 다양한 사람들과의 관계 속에서 성장할 수 있도록 접점을 늘려야 한다. 누구의 딸 또는 아들, 어느 집안의 자녀, 어떤 핏줄이 아니라 지구 통행증을 받고 세상에 온 같은 영혼으로서 아동과 부모, 가족, 사회와 국가는 모두 동료이자 한 팀이 되어야 한다.

이름을 알지 못하는 아이들을 위해

　　아동단체에서 일하다 보면 모금 방송의 후원 신청 전화를 직접 받아야 할 때가 있다. 그날도 생방송으로 진행되는 모금 방송의 전화를 받고 있었다. 한부모 가정 아동의 사연이 소개되고 있었고 전화를 건 사람은 나이가 지긋한 노년의 여성이었다. 그분은 울음을 삼키며 떨리는 목소리로 말했다. "저 방송에 나온 아이들처럼 부모 없는 아이들을 좀 도와줘요. 제발 좀 해줘요. 그래야 내가 살겠어…" 그 어른의 목소리가 너무나도 간절해서 목이 메는 것을 겨우 참으며 후원 정보를 확인하고 감사하다는 말도 온전히 다 전하지 못하고 통화를 마무리했다. 몇 년이 지났어도 그 목소리와 떨림까지 생생하게 기억이 난다. 아이들의 고통이 내 고통이기 때문에, 저 아이들의 고통을 외면한다는 것은 나에게 죽을 만큼 힘든 일이기 때문에 그래서 전화를 받고 있는 사람에게조차 간절하게 부탁하고 있다는 사정이 절절하게 느껴졌기 때문이다. 후원 전화를 받다 보면 방송에 소개된 안타까운 사연을 보며 울면서 전화하는 사람, 아직도 저런 아이들이 있는데 도대체 정부는 뭘 하고 있냐고 화내는 사람, 어떻게 도와주면 되는지 자세히 묻는 사람 등 안타까운 사람들에게 공감하고 그 고통을 나누려는 후원자들을 많이 만나게 된다.

반면 긴박한 어려움, 도움이 필요한 상황을 목격해도 무관심한 사람들도 많이 있다. 굳이 두 가지 유형으로 크게 나눈다면 양쪽을 다 만나고 목격할 수 있는 위치가 바로 아동단체에서 일하는 사람들의 자리일 것이다. 아이들의 아픔에 공감하는 사람들로부터 힘을 얻어 아이들의 존재를 모른 척하거나 정말 모른 채 살아가는 사람들의 참여를 이끌어내야 하기 때문이다. 그래서 늘 생각하게 된다. '왜 누군가는 타인의 고통이 곧 나의 고통이고, 왜 누군가에게는 아무 일도 아닐까? 왜 어떤 사람은 특정한 누군가의 고통에 민감한 것일까?'

정이현 작가의 소설 '알지 못하는 모든 신들에게' 속에 타인의 고통은 나와 상관없는, 그 사람의 몫이라고 생각하는 세영이라는 인물이 등장한다. 작가의 표현대로 '남의 인생에 영향을 끼치는 일은 손톱의 때만큼도 하고 싶지 않은' 사람이다. 그는 그런 마음, 그런 태도가 이미 남의 인생에 영향을 미치는 일이라는 것, 그래서 결국 자신의 삶도 영향을 받게 된다는 것을 뒤늦게 알게 된다. 세영은 자신이 학교 폭력 피해자와 그 가족의 인생에 영향을 미치지 않을 수 있다고 착각했기 때문에 회피와 무관심으로 일관하지만 그 무관심이 결국 피해자의 삶에 큰 영향을 미치게 된다. 그리고 자신이 모른 척하면 될 거라 생각했던 피해자의 삶이 자신과 연결되어 있다는 것을 나중에서야 깨닫는다. 세영은 '이름을 알지 못하는 사람들에게' 무관심했던 시간을 지나 '이름을 알지 못하는 모든 신들에게' 절박하게 매달려야 하는 순간을 맞게 된다. 소설은 남의 삶과 나의 삶은 분리되어 있지 않다는 것, 남이 없는 나의 인생, 남에게 영향을 미치지 않는 나의 인생이란 가능하지 않다는 것을 보여주고 있다.

만약 사람들 각자의 삶을 이 소설처럼 서로 연결시켜 볼 수 있다면 어떤 모습일까? 누군가는 관계된 사람의 범위를 세영처럼 내 딸과 내 남편으로만 설정할 수도 있을 것이고, 누군가는 같은 아파트에 사는 사람까지, 누군가는 우리나라 사람까지, 누군가는 나와 가치관이 비슷한 사람까지라고 생각할 것이다. 이 차이 때문에 어떤 사람들은 옆집 아이의 울음소리에도 무관심하고 어떤 사람들은 미얀마 사태로 고통받는 아이들의 뉴스를 보면서 눈물을 흘리게 될 것이다. 세영은 결국 손톱만큼도 연결되고 싶지 않았던 사람에게 간절한 바람을 갖게 되고 서로 강력하게 연결되어 있다는 것을 확인하게 된다. 세영은 하나의 사건을 계기로 삶의 범위를 확인하지만, 현실 속 우리들은 보다 다양하고 복잡한 관계, 아무 관계없는 듯 보일 정도로 느슨하거나 때로는 생각보다 훨씬 강력한 관계들로 얽혀있다. 그걸 모르거나 모른 척할 뿐이다.

내 아이는 안타깝게 사고를 당한 사람들 때문에 만들어진 스쿨존을 지나 안전하게 학교를 가고, 세월호 때문에 강화된 법으로 안전하게 관리되는 놀이터에서 논다. 나는 많은 사람이 오랜 시간 힘겹게 싸워 얻어낸 결과로 선거 때는 투표를 할 수 있고 일을 하다가 휴가를 갈 수 있다. 나의 부모님은 전 세계 수많은 사람들의 희생 끝에 개발된 코로나19 백신을 접종했다. 나와 우리를 지켜주는 이는 이름을 알고 있는 내 주변의 사람들이나 알지 못하는 신들이 아니다. 이름도 얼굴도 알지 못하는 사람들에게 의지할 수 있고 도움을 받을 수 있기 때문이다. 우리 모두는 '이름을 알지 못하는 사람들에게' 빚을 지고 있다. 하지만 이 사실을 알지 못한 채 손톱만큼도 연결되지 않으려 하거나 그럴 수 있다고 착각하기도 한다.

코로나19를 통해 우리는 모두 조금씩 또는 밀접하게 연결된 채 살아간다는 진리를 경험했다. 나와 내 가족, 우리 동네 또는 우리나라만 방역에 성공한다고 해서 안전할 수 없다는 현실, 의료 체계의 불균형, 백신 접근의 불평등이 결국 내 삶을 위협할 수 있다는 것도 목격하고 있다. 위기의 순간이 오면 서로 연결된 고리 중에서 가장 약한 고리가 먼저 끊어진다는 것도 확인했다. 내 안전을 위해 타인의 고통, 아동과 같이 취약한 사람들을 외면하지 않아야 한다는 말이 아니다. 나의 취약함을 기억하자는 것이다. 모든 인간은 취약하다. 그렇기 때문에 연결되어야 한다. 그리고 가장 약하게 연결된 사람과 더 단단하게 연결될수록 서로의 취약함도 보완될 수 있다. 이것이 우리가 이름도 얼굴도 알지 못하는 아이들이 이 세상에 우리와 함께 존재하고 있다는 것을 기억해야 하는 이유다.

슬픔을 기억해야 할 의무

　우리는 날마다 수많은 사건, 사고를 목격하고 경험하며 살고 있다. 그리고 수없이 발생하는 일들 중에서 어떤 일은 많은 사람들에게 알려지고 오랫동안 기억되지만 어떤 일은 아무런 관심을 받지 못한 채 묻히기도 하고 쉽게 잊혀지기도 한다. 국가적 비극이라거나 국민적인 분노를 일으켰다고 표현되는 사건, 사고들조차도 시간이 지나면 점점 그 충격이 사라지고 다른 일들에 묻힌다. 세상 모든 일들처럼 아동과 관련된 일도 마찬가지다. 아동과 관련된 사건, 사고가 발생하면 다시는 이런 일이 생기지 않도록 막겠다는 약속이 쏟아진다. 하지만 반짝하는 관심이 사그라들고 나면 그 약속을 가장 먼저 지키고 실현시켜야 할 사람들조차 이 사건을 점점 잊어가거나 후순위로 미뤄두는 모습을 발견하게 된다.

　아동 권리가 침해되는 가장 극단적인 상황인 아동학대에 관한 일만 살펴봐도 그렇다. 2013년 소위 '울주 사건'으로 알려진 아동학대 사망 사건 이후 안타깝게도 해마다 참혹한 학대 사건이 반복해서 발생하고 있고 이후 치러진 선거 때마다 후보와 정당들은 아동학대 콘트롤 타워 설치, 전담 기구와 인프라 확충, 전담 공무원 확대와 같은 공약을 쏟아냈다. 대선, 총선, 지방선거 때마다 유사한 공약이 그대로 복사한 듯 반복되고 있다. 국회에서도 관련 법안의 발의가 이어졌다. 하지만 관련 통계와 보도에 따르면 2015년부터 2020년 사이 아동학대 발생 건수가 1만 1715건에서 3만 905건으로 164% 증가하는 동안 예산은 18% 증가하는데 그쳤고 여전히 229개 시군구 중 64%에 해당하는 148개 시군구에 아동보호전문기관이 설치되어 있지 않았다.

국민적 관심이 가장 많이 집중되고 있는 아동학대와 관련된 대책조차도 이정도로 지지부진하고 답답한 상황이라면 아동과 관련된 전반적인 상황이 열악하다는 것을 쉽게 짐작할 수 있다. 실제로 한 아동단체가 21대 국회의 아동·청소년 관련 법안 발의 현황을 분석한 결과를 보면 21대 국회 임기 첫 1년간 발의한 아동·청소년 관련 법안은 총 533건으로 전체 발의 법안 9882건 중 5.4%로 아동의 인구 비율과 비교했을 때 매우 낮은 수치이고 이중 가결된 법안은 4.9%인 26건에 그쳤다. 우리 사회는 왜 이토록 아동과 관련된 일에 무디고 무심한 걸까? 안타깝게 놓쳐버린 아이들의 생명을 우리는 왜 이렇게 쉽게 잊는 것일까?

머릿속에 감정 콘트롤 본부가 있다는 설정의 『인사이드아웃』이라는 애니메이션 영화가 있다. 이 영화에서는 사람의 기억이 구슬이 되어 기억 저장소에 쌓인다. 즐거운 기억은 노랑색, 슬픈 기억은 파랑색, 화가 났던 기억은 빨강색 구슬이 되어 저장되었다가 주인공이 이 기억을 지우고 나면 구슬은 회색빛으로 변하고 기억 쓰레기장에 버려진다. 그리고 인생에서 가장 중요한 때의 기억은 핵심기억 구슬이 되어 따로 저장된다. 가장 빛나는 구슬인 핵심기억은 주인공의 인생을 지탱하는 힘이 되고 인격을 형성한다.

우리의 기억을 이 영화처럼 구슬로 표현한다면 안타깝게 떠나간 아이들이 남긴 파란 구슬이 각자의 기억 저장소에 몇 개쯤은 자리 잡고 있을 것이다. 아침 등굣길에, 수학여행길에, 양육자의 손에 사라져간 아이들의 소식을 접할 때 느꼈던 차가운 슬픔과 시퍼런 고통이 파랑 구슬에 담겼을 것이다. 잊지 않겠다는 마음으로 기억 저장소에 보냈지만 그 구슬 중 일부는 점점 빛을 잃어가고 있을 것이다. 내가 어찌할 수 없는 일이라는 생각이 들기도 하고, 바쁜 일상을 살다 보면 점점 잊어버리고, 점차 남의 일로 느껴지는 것이 어쩌면 당연한 일이다. 그렇게 푸른빛을 잃지 않을 것 같았던 그 기억 구슬은 회색빛으로 변해간다. 하지만 우리에게는 더 많은 파랑 구슬이 필요하다. 파랑 구슬이 핵심기억이 되어 가장 강한 빛을 내는 구슬로 특별히 저장되어야 한다. 모든 아이들은 저마다 귀한 생명으로 태어나 생명을 지킬 권리가 있고 국가와 사회, 그리고 성인들은 온 힘을 다해 아이들의 생명을 보호해야 할 의무가 있기 때문이다.

"아동기는 건강한 성인으로 성장하는 과정"이라는 말을 많이들

한다. 이 설명대로라면 성인이 되기 전에 세상을 떠나야 하는 아이들은 출발 준비만 하다가 뛰어보지도 못한 선수와 같다고 말할 수 있지 않을까? 허무하고도 허탈한 일이다. 게다가 그들이 일찍 사망하는 것을 막기 위한 노력은 치명적인 전염병과 질병을 막는 노력이나 자연재해를 예측하는 노력과는 비교도 할 수 없을 정도의 단순한 노력이면 되는 일이다. 과학도 의학도 기술도 필요 없다. 운전자가 보행 신호에 맞춰 차를 멈추고 사람을 보면 멈추는 당연한 일, 아이를 때리는 부모가 있는 집에 아이를 자꾸만 홀로 돌려보내지 않는 일만 하면 된다. 그리고 슬퍼했던 기억을 잊지 않으면 된다. 우리에게는 슬픔을 기억해야 할 의무, 파랑 구슬을 간직해야 할 책임이 있다. 이것이 아동이 행복한 세상을 만들기 위한 시작이 될 것이다.

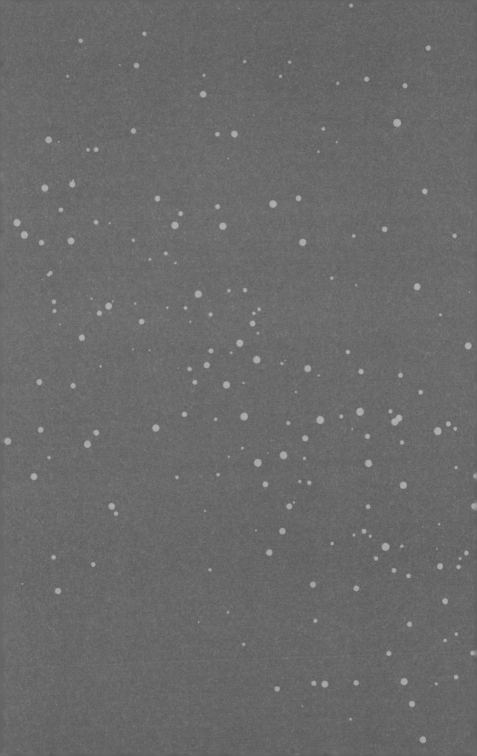

03

아동옹호의 역사와
아동 NGO

김인숙

아동인권옹호 선구자들의 이야기

30여 년 전, 한국에서 아동인권이란 말이 회자되기 시작할 무렵에 인권은 서양에서 들어온 낯선 개념이라 말하는 사람들이 있었다. 그리고 인권은 너무 어렵다고 했다. 인권은 철학과 이념의 문제이며 법을 알아야 하고, 인권 이슈는 정치적으로 해결하는 것이라 했다. 그래서 아동인권을 말할 때 많은 사람이 불편해했다. 유엔에서 혹은 서양에서 시작되고 주장해온 가치라고 인식했다. 대부분 그렇게 알고 믿었다.

그러나 아니다. 지금부터 100여 년 전에 아동인권의 시작을 알린 사람이 한국에 있었다. 1922년 5월 1일 어린이날을 선포한 사람이다. 1923년 5월 1일 제1회 어린이날 행사에서 소파 방정환(1899~1931)은 3개 조항으로 이루어진 아동인권선언문을 발표한다. 당시에는 이 선언문을 '어린이 공약 3장'이라 했다.

첫째, 어린이를 재래의 윤리적 압박으로부터 해방하여 그들에 대한 완전한 인격적 예우를 허하게 하라. 둘째, 어린이를 재래의 경제적 압박에서 해방하여 만14세 이하의 어린이에 대한 무상 또는 유상의 노동을 폐하게 하라. 셋째, 어린이 그들이 고요히 배우고 즐거이 놀기에 족한 각양의 가정 또는 사회적 시설을 행하게 하라.

3개 조항으로 된 공약은 우리나라 최초의 아동권리 선언문이다. 한국의 아동인권옹호 선구자 소파 방정환은 이미 100년 전에 아동을 존재적으로, 또 윤리·도덕적으로 올바르게 인식했고 바른 자세와 태도로 아동을 존중하도록 선포했다. 사회 전반이 빈곤한 시대임에도 아동을 노동 착취로부터 해방시키려는 강한 의지를 표명했다. 방정환은 이미 100년 전에 아동의 학습권과 아동의 놀 권리, 그리고 쉴 권리를 명확히 알렸다. 그는 어리다는 것은 '크게 자라날 가능성'이며 '큰 것을 지어낼 잠재 능력'이라며 어림을 이해하고 긍정했다.

방정환의 이러한 아동관은 1989년 유엔에서 채택하고 196개국이 비준한 유엔아동권리협약 제5조에서 천명하는 '아동의 진화하는 발달능력'(Evolving Capacity)에 상응하는 개념으로 아동을 바라보는 한국 사회의 전통적인 시각과 태도에 큰 변화를 주는 개념이기도 하다. 소파 방정환은 제1회 어린이날 기념식에서 아동권리 선언문을 발표하면서 동시에 '어른들에게 드리는 당부의 글'도 함께 제시했다.

• 어린이를 내려다보지 말고 치어다 보아주시오.
• 어린이를 가까이하여 자주 이야기하여 주시오.

- 어린이에게 경어를 쓰시되 늘 보드랍게 하여 주시오.
- 이발이나 목욕, 의복 같은 것을 때맞춰 하도록 하여 주시오.
- 잠자는 것과 운동하는 것을 충분히 하게 해 주시오.
- 산보와 원족 같은 것을 가끔가끔 시켜주시오.
- 어린이를 책망하실 때는 쉽게 성만 내지 마시고 자세자세 타일러 주시오.
- 어린이들이 서로 모여 즐겁게 놀 만한 놀이터와 기계 같은 것을 지어 주시오.
- 대우주의 뇌 신경의 말초는 늙은이에게 있지 아니하고 오직 어린이에게만 있는 것을 늘 생각하여 주시오.

대한민국 아동인권옹호 선구자 소파 방정환은 이미 100년 전에 어른들에게 아동의 인권을 보호, 존중, 실현해 주길 당부하며 아동 인권에 기반한 양육법을 9개의 항목으로 정리하여 간곡히 당부했다.

한국은 2022년에 어린이날 100주년을 맞았다. 이를 기념하기 위해 아동권리보장원은 다양한 분야와 영역에서 아동과 함께 아동을 위해 일하는 전문가들에게 분야별 『아동권리 100년사』 집필을 의뢰했다. 법조계, 의료계, 복지계, 교육계, 민간영역(아동 NGO) 등 모든 영역에서 한국의 아동권리 역사를 각각의 전문분야 활동에 기반하여 집필했다. 2020년부터 자료수집과 연구로 시작된 의미 있는 역사서 발간 사업은 2021년 9월에 분야별 원고 초안 완성에 이르렀다. 2022년 5월 어린이날 100주년을 기해 『아동권리 100년사』가 출간되었다. 이 원고를 집필한 전문가들은 서로 다른 관점으로 '아동권리 100년사'에 접근했다, 그럼에도 1922년 어린이날을 제정하고 선포하며 아동권리를 주장한 소파 방정환이 한국의 전통적 아동관과 아동교육 사상에 획기적인 전환점을 마련한 대한민국 첫째가는 아동인권옹호 선구자임을 확인하는 부분에서는 모두 의견이 일치했다. 소파 방정환은 대한민국 아동인권옹호 선구자이다.

  서구사회에서는 아동인권의 시작점을 영국의 에글렌타인 젭(1876~1928)이 세계 최초의 '아동권리 선언문'을 발표한 1923년에 둔다. 에글렌타인 젭은 영국뿐 아니라 전 세계에서 아동인권옹호 선구자로 꼽힌다. 제1차 세계 대전이 끝난 후 영국은 패전국들에 봉쇄정책을 시행했다. 그때 가장 큰 피해와 고통을 겪어야 했던 사람들은 여성과 아동이었다. 자녀를 출산하고 양육해야 하는 여성이 굶주림으로 아사 직전 상태에서 아기에게 먹일 젖이 나오지 않아 아기의 생존을 위협받는 상황에 고통스러워했다. 에글렌타인 젭은 이러한 실상을 목격하고 1919년 영국 런던 트라팔가 광장에서 "굶주림을 물리치자"는 슬로건을 내걸고 아사 직전 아동 사진이 담긴 전단을 배포했다.
  에글렌타인 젭은 적국인 오스트리아 아동의 사진을 전단에 담아 적국 아동을 돕는다는 이유로 체포되어 재판을 받았다. 에글렌타인 젭은 그 재판에서 5파운드의 벌금형을 선고받았다. 그러나 재판이 끝난 후 검찰은 에글렌타인 젭의 이웃 사랑에 대한 큰 뜻에 공감해 5파운드를 기부했다. 그 5파운드는 빛나는 가치를 실현하며 아동의 인권을 옹호하는 글로벌 아동 NGO인 세이브더칠드런이 설립되는 계기를 만들었다. 한 사람이 지닌 고귀한 가치와 열정, 그리고 헌신으로 세워진 아동인권옹호 기관이 수십 수백 만의 뜻있는 사람들의 참여를 이끌어 세계적으로 아동인권옹호 활동을 전개하는 귀한 시작이 되었다.

에글렌타인 젭은 '함께하는 리더십'을 지닌 여성 지도자였다. 그녀는 고귀한 뜻과 사명감을 지닌 사람들과 파트너십과 연맹을 이루어 활동했다. 젭 여사는 아동인권옹호 활동의 사명을 실천하기 위해 동료들이 옹호 활동을 '할 수 있도록 이끌고'(Enabling) '비전을 심어주고'(Envisioning) '에너지를 북돋우고'(Energizing) 힘을 불어넣어 '자력화'(Empowering)로 이끄는 4E 리더십을 발휘해 글로벌 아동 NGO 연맹을 이끌었다. 혼자가 아닌 함께 함의 지도력으로 동료들을 격려하고 힘을 실어 주면서 사명과 비전을 함께 실천해 아동인권 옹호에 앞장섰다. 그러한 정신이 100년이란 긴 세월의 흐름에도 가치관의 흐트러짐 없이 전 세계 120여 개 국가에서 사명과 비전을 실천하는 아동인권옹호 기관(NGO)으로 우뚝 서게 했다. 에글렌타인 젭이 1923년 처음 선포한 '세계 아동권리 선언문' 5개 조항은 역사상 가장 보편적인 국제법으로 꼽히는 유엔아동권리협약의 초석이 되었다.

아동인권옹호 선구자를 말할 때 뺄 수 없는 전설적인 인물이 있다. 『아동을 사랑하는 법』, 『아동의 존중받을 권리』의 저자이며 저명한 소아과 의사인 폴란드의 야누시 코르차크(1879~1942)다. 그는 유럽의 전설적인 아동인권옹호 선구자다. 그는 저술가이며 의사로서 전쟁고아가 된 유대 아이들을 돌보는 고아의 아버지로 살았다. 그는 아이들에 대해 이런 말을 남겼다.

"나는 어린이와 청소년들을 돌보는 일을 20년 넘게 해왔다. 그래서 어린이들에게 필요한 것은 오직 한 가지, 사랑받고 존중받는 것임을 안다. 어린이들에게는 그럴 권리가 있다. 어린이들은 또한 보호받을 권리가 있다. 보호받고 존중받으며 자란 어린이들은 다른 사람을 존중하고 아끼는 방법을 배우고 사회에 이바지하는 사람으로 자란다."

코르차크는 어린이도 어른과 똑같은 권리가 있다고 주장했다. 어린이는 보호해야만 하는 대상을 넘어 그 자체로 하나의 인격체라고 주장했다. 코르차크는 고아원에서 아이들과 교사들로 구성된 위원회를 만들어 원에서 일어나는 중요한 문제들에 대해 아이들이 자유롭게 발언할 수 있는 근간을 마련했다. 코르차크는 언제나 어린이들에게 배우는 자세가 중요하다고 강조했다. 어린이들을 믿고 사랑했으며 그 사랑 때문에 살고 또 죽을 정도로 진실하고 겸손한 사람이었기에 세상이 존중하며 오래도록 기억하는 위대한 고아의 아버지가 되었다.

우리는 아동인권옹호가를 소개할 때 그가 누구이고, 어떻게 아이들을 이해하고 사랑하였는지, 어떤 업적을 이루었는지에 초점을 맞춘다. 그러나 야누시 코르차크의 경우, 그가 아동들과 함께한 삶의 모습도 남다르지만, 우리가 잊을 수 없고 잊어서도 안 되는 것은 그가 어떻게 아동들과 함께 죽었는가이다. 그는 유대인들이 단지 유대인으로 태어났다는 이유 하나로 차별, 미움, 증오, 혐오, 학살의 대상이 되었던 때, 아무 죄 없이 죽어야 했던 유대 아이들을 구하기 위해 살았고 그들을 위해 그들과 함께 죽었다. 그가 나치에 의해 사랑하는 아이들과 함께 죽음의 캠프 트리블랑카로 향하는 기차에 오르기 위해 마지막 행진하는 모습은 오늘 우리의 마음에 아픔과 감동으로 남아 있다. 코르차크의 마지막 모습은 이렇게 기록되어 있다.

"야누시 코르차크는 모자도 쓰지 않은 채 긴 군화를 신고 양손에 가장 어린 두 아이의 손을 잡고 192명의 아동과 10명의 동료 직원이 동요됨 없이 걸어가는 긴 행렬의 선두에 있다. 주변에 힘 있는 코르차크의 지인들뿐 아니라 나치 당원들조차도 코르차크를 그 죽음의 행진에서 제외하여 살리려 했으나 그는 '당신은 당신의 아이들이 위험에 처해 있을 때 그 아이들을 두고 떠날 수 있는가?'라며 아이들과 함께 죽음의 자리까지 함께했다."

서른 살 유엔아동권리협약

2021년은 한국 정부가 유엔아동권리협약을 비준한 지 30년 되는 해다. 나는 1989년 6월 초 협약이 유엔총회에서 채택되기 반년 전에 스웨덴 스톡홀름에서 열린 국제 컨퍼런스에서 유엔아동권리협약을 처음 만났다. 전 세계 300여 명의 아동 전문가와 다양한 아동들이 모인 자리에서 유엔아동권리협약의 채택이 예고되었다. 협약이 채택된 이래 지금까지 잊지 않고 마음에 간직하고 있는 한 문장이 있다. "유엔아동권리협약은 미사여구가 아닌 실현"(UN Convention on the Rights of the Child is not Rhetoric but Reality) 이라는 것이다. 협약은 선언을 위한 것이 아닌 이행이 목적임을 강조했다. 회의를 마치고 귀국하는 나의 발걸음은 무거웠다. 누구보다 먼저 협약을 만났다는 사실이 기쁨이나 자랑이 아닌 부담이 되어 마음의 짐이 되었다. 그때는 '협약 이행'이 나의 평생 사명이 되리라는 걸 미처 몰랐다.

그로부터 지금까지 나는 유엔아동권리협약을 알리고 교육하고 훈련하는 일을 했다. 사람들은 '인권' 혹은 '아동인권'이란 단어에 거부감을 느꼈다. 그래서 유엔아동권리협약을 쉽게 풀어서 알리고 이해하도록 했다. 협약을 앎에서 끝나지 않고 삶의 현장으로 가져와 가정과 일터에서 적용하고 활용하도록 교육하고 훈련했다. 인권의 가치와 개념, 그리고 기본 원칙들을 충분히 이해하고 적용할 수 있도록 특별한 접근법을 활용했다.

교육하고 훈련하는 방법 자체가 인권에 기반한 방법이었다. 교육 훈련에 참여하는 사람이 거부감이나 긴장감, 혹은 배움에 대한 두려움에서 벗어나도록 자유로운 환경과 분위기를 조성했다. 소그룹 워크숍 형태로 진행하면서 협약을 친구처럼 만날 수 있게 소개했다. 카드 게임으로 접근하여 아동의 기본권을 설명하는 인권 조항들을 읽고 분류하는 활동을 통해 배우고 이해한 후 현장에 적용하는 단계로 안내했다. 배우는 사람과 가르치는 사람의 구별 없이 함께 어우러져 자유롭게 자기의 생각을 말하고 의견을 제시하는 교육 환경은 교육 참가자들에게 편안함과 즐거움을 주었다. 배움의 장에서는 토의할 때 쉽게 수용되는 의견도 있지만 이해하기 어려운 의견도 있다. 그러나 어떤 조건에서든 누구나 자기 의견을 자유롭게 표현할 수 있고 다른 사람들의 생각도 들을 수 있는 편안한 자리를 제공했다. 서로 한 테이블에 함께 앉은 그룹의 동료들과 토론이 이루어지면 더 좋은 의견이 나오고 더 바람직한 생각들이 한곳으로 모이며 아동인권의 개념이나 인권침해 사안에 대한 이해의 깊이를 더해간다. 모든 그룹이 같은 수준의 결과물을 도출할 수는 없지만, 자기 생각을 말하고 다른 사람들의 생각을 들으면서 각자의 생각의 폭을 넓혀가는 과정 자체를 즐기게 됐다. 협약을 만나고 이해하고 내면화하고 적용과 실천의 경험을 하기까지 대략 100시간의 교육 훈련과정이 필요했다.

유엔아동권리협약은 아동을 바라보는 관점과 틀을 바꿔 준다. 아동은 약하고 미숙하다며 함부로 대하고 적당히 무시해도 되는 존재가 아님을 깨우친다. 협약은 아동을 권리의 주체자로 천명한 첫 번째 국제법이다. 이 세상 모든 아동의 인권을 보호하고 존중하고 실현하도록 약속했다. 협약은 우리나라를 포함한 196개 나라가 비준해 가장 많은 비준국을 보유한 국제인권법이다.

아동은 부모나 그 누구의 소유가 아닌 독립된 인격체이며 인간의 존엄성을 존중받아 마땅한 존재다. 아동은 폭력과 차별에서 보호돼야 한다. 아동은 자신의 삶에 영향을 주는 일에 자신의 의견을 말하도록 격려된다. 그들이 낸 목소리가 들려지고 존중받을 권리가 있음도 협약에서 강조한다. 재난이 발생했을 때나 위험에 처했을 때 아동의 이익이 최우선으로 고려되어야 함을 명시한다. 협약 비준 이후 지난 30년간 한국 정부는 규정에 맞추어 협약 이행 국가보고서를 작성하여 유엔에 제출했다. 국제사회는 한국 정부의 협약 이행을 위한 입법적·행정적 노력을 인정하면서도 협약 이행의 미흡한 면을 상세히 점검하고 권고했다. 한국은 유엔아동권리협약이 대중에 파급되지 못하고 홍보와 교육 훈련이 여전히 미흡함을 지적하며 협약 홍보를 통한 대중의 아동인권 인식 증진과 교육 훈련을 통한 협약 이행의 활성화를 권고했다.

아동과 함께 생활하는 시설 종사자나 교사들조차 아동인권교육 훈련이 미흡한 것이 현실임을 인정한다. 입시제도로 인한 청소년들의 고통, 높은 자살률, 준비되지 못한 부모의 아동 폭력과 학대, 출생증명이 없어 기본권이 송두리째 침해된 아이들, 장애를 이유로 혹은 열악한 주거지에 산다는 이유로 차별받고 무시되는 아이들이 한국 사회에 적지 않게 살고 있다는 사실에 대하여 아동권리위원회가 우려를 표했다.

2021년 10월 8일, 글로벌 아동 NGO 세이브더칠드런은 『문 뒤의 아이들』이란 책을 발간했다. 이 책은 최근 한국에서 발생한 아동학대에 대한 언론 보도내용을 기반으로 아동학대와 관련된 심층적 기록을 담고 있다. 이 책에 의하면 2020년 한 해 동안 43명의 아동이 '가정에서 부모의 학대로 사망'했다. 우리는 '아동이 안전한 세상' 만드는 데 실패했다. 지난 30여 년간 정부를 비롯한 민간기관이나 아동 전문가들이 나름 애쓰고 노력했으나 현실은 참담하다. 실패를 겸허히 인정하고 문제의 근원을 찾아 해결할 방법을 모색해야 하는 시점이다.

아동을 위해 아동과 함께 일하는 아동 NGO들은 각자의 자리에서 협약 이행을 위해 좀 더 적극적으로 길을 찾고 있다. 최근 들어 다양한 아동 NGO들이 아동인권에 관심을 가지고 옹호 활동에 협력하며 연대하여 일하는 것이 자연스러워지는 추세다. 이러한 기관들은 모두 유엔아동권리협약을 준거의 틀로 삼고 아동인권을 말하고 아동인권을 옹호하는 활동을 한다. 아동인권 강사를 양성하여 아동인권 교육을 확산하고 함께 일할 아동인권옹호가 훈련에 힘을 모으고 있다. 아동인권옹호는 아동을 살리는 활동이다. 혼자 할 수 없는 일이다. 아동을 위해 아동과 함께 일하는 기관들은 정부와 협력하고 수많은 유관 단체들과 연대한다. 가장 작은 자들이 무참한 일을 당하지 않도록 예방하기 위해서는 나와 내 집, 나의 이웃에서 아동인권옹호 운동이 일어나야 한다. 아동이 누구인지, 어떤 존재인지, 아동을 어떤 자세와 태도로 대해야 하는지 배우고 훈련하자. 훈련이 없이는 앎이 삶이 될 수 없다.

아동옹호 NGO란 무엇인가?

나는 NGO가 무언지 모르는 채 글로벌 아동옹호 NGO에서 일을 시작했다. 대학 졸업 후 1960년대 말부터 일을 했으니 어느새 50여 년의 세월이 흘렀다. 1950년대 초반, 한국전쟁으로 인해 수많은 아동이 영문도 모른 채 집과 가족을 잃고 홀로 세상에 남겨졌다. 남편과 가족, 자녀를 잃은 부녀자들이 살아 내야 할 의미조차 상실한 채 절망 가운데 홀로 남았다. 전쟁은 언제나 가장 작은 자들에게 가장 큰 상처를 남긴다. 아이들과 여성들이다.

북한 땅 평안남도에서 태어난 나는 한국전쟁 당시 여덟 살이었다. 초등학교 1학년 마치고 2학년이 되는 해를 맞던 1월, 1·4 후퇴로 온 가족이 이남으로 넘어온 피난민 아이였다. 우리도 집과 재산을 모두 북녘땅에 남겨둔 채 남쪽으로 피난했다. 우린 고향을 잃었다. 집도 없고 생필품이 절대 부족한 피난민이었지만 나는 부모를 잃지 않았다. 우리 가족은 부모님과 3남 2녀 형제자매가 다 함께 살아남았다. 어려서부터 남을 위해 좋은 일을 하는 사람이 되고 싶다는 막연한 꿈이 내게 있었다. 그러나 그런 일을 하려면 어떤 공부를 해야 하고 어떤 훈련을 받아야 하는지 모른 채 청소년기를 보냈다.

대학 졸업 후, 나는 전쟁 직후 한국에 들어와 활동하는 외원단체에 인도함을 받았다. 대학 전공을 선택할 때도 장래 희망이나 진로를 심각하게 생각하지 못하고 좋아하고 재미있는 분야를 전공으로 선택하여 철없이 대학 생활을 즐겼다. 다행히도 내가 좋아서 선택한 외국어 전공이 해외원조 단체에 입사하는데 필요조건을 충족하며 자연스럽게 아동을 위해 일하는 일터로 들어섰다. 내가 의도한 바도 아니고 계획한 바도 아닌데 전쟁고아를 돕는 일을 하게 됐다. 세상을 살면서 깨달아지는 일들이 한두 가지 아니지만 철들면서 내가 분명하게 깨달은 것은 이 세상은 자기가 계획하고 선택한 대로가 아닌 어떤 보이지 않는 힘에 이끌리어 살게 된다는 것이다. 그때는 그것이 내 인생의 여정에서 얼마나 중요한 이끌림의 순간인지 전혀 알지 못했다. 그때 그렇게 NGO 영역에서 일을 시작하여 오늘에 이르기까지 NGO 사람으로 일하고 있다.

1978년, 내가 처음 일했던 외원단체를 떠나 비슷한 활동을 다른 방식으로 하는 글로벌 아동 NGO로 자리를 옮겼다. 내가 그동안 일한 곳과 같은 해외원조 단체이고 아동 NGO인데 핵심 가치가 다르고 사명과 비전이 달랐다. 무엇보다 사업의 접근 방법이 특이했다. 그 조직은 다국적 기업처럼 전 세계 100개가 넘는 나라에 사업장을 두고 일하는 글로벌 아동 NGO였다. 1919년에 창설된 조직으로 1923년 세계아동권리선언문을 작성, 선포한 영국의 에글렌타인 젭이 설립한 기관이며 전 세계를 연결하여 연맹(Alliance)를 이루어 일하는 기관이었다. 정기적으로 국제연맹 총회가 열리고 수시로 지역총회와 세미나 워크숍 등 다양한 국제 모임이 열려 직원에게 참여의 기회가 제공되는 일터였다. 특히 아동 전문 글로벌 NGO로서 사업의 전문성을 높이기 위한 각종 행사와 교육 기회가 수시로 부여되었다.

NGO란 무언가? 어떤 기관인가? 왜 나는 이 영역을 떠나지 못하고 있을까? 조직의 정체성에 대해 제대로 알지 못한 채 일이 좋아 들어간 조직이지만 시간이 흐르면서 조직이 요구하는 역할과 맡겨지는 일의 질과 양이 달라지면서 조직의 정체성에 대해 깊은 관심을 갖기 시작했다. 조직의 정체성이란 조직의 존재 이유로부터 시작하여 어떤 일을 하는 기관인지, 그 일을 왜 하는지, 어떻게 해야 하는지를 알아가는 것이다.

조직의 일은 사람이 하는 것이다. 그러나 혼자서 할 수 없기에 언제나 함께 하는 사람들이 있다. 조직의 리더와 구성원 간의 팀워크는 조직의 사명과 비전의 실천과 직결된다. 나는 국제회의에 가서 외국 동료들을 만나면 NGO의 정체성에 대해 많은 질문을 했다. NGO의 이사회 구성은 어떻게 하는지, 이사회 운영은 어떻게 하는지, 사업은 어디에 기준을 두고 기획하고 실행하고 관리하는지, 사업자금과 운영비는 어떻게 조성하는지 등 나의 질문은 꼬리를 물었다. 그러나 북미와 유럽 여러 국가에서 온 대표나 이사들은 내 질문에 속 시원히 답해주는 사람이 없었다. 성의를 다해 친절히 내 말을 들어주긴 했지만 내가 원하는 답을 얻지는 못했다.

내가 나중에 알게 된 것은 NGO란 그들에게는 설명이 필요한 특별한 조직이 아니었다. 사람들이 사회에서 뭔가 변화를 만들어가며 사회에 헌신하기 위해 사명감으로 의기투합하여 하나의 조직을 만들어 봉사하거나 공헌하는 곳으로 그들에겐 그런 자연스러운 일터가 NGO였다. 그런 NGO 조직에서는 대가 없이 그들이 지닌 전문성이나 기술을 프로보노(Pro Bono, 전문가가 자신의 전문성을 활용하여 자발적이고 대가 없이 공익을 위해 봉사하는 활동)로 수행하는 자원봉사자나 전문가들의 수가 엄청나게 많다. 다시 말해 공익을 위해 봉사하는 헌신자들의 모임 혹은 조직이라는 것이다. 특히 미국에는 NGO에 소속되어 헌신하거나 자원봉사를 하는 일은 매일의 습관처럼 자연스럽게 이루어지는 활동이라 했다. 그런 과정을 겪으며 내가 의도한 바 없으나 타력에 의해 인도된 일터, 거기서 하는 일이 한결같이 신나고 즐거워서 힘든 줄 모르고 일해온 일터의 정체성을 논리적으로 정의 내리지 못한 채 스스로 답을 찾아 나섰다. 컴퓨터도 인터넷도 모르던 시절이어서 책을 통해 자료를 찾아 모으면서 NGO라는 조직의 정체성을 나만의 언어로 정리해 보곤 했다.

1992년 7월에 해외 출장으로 미국에 잠시 머무는 중에 캔사스 주 위치타의 한 서점에서 경영의 대가로 알려진 피터 드러커 박사를 만났다. 그분은 기업경영의 대가이면서 NGO 경영에도 관심과 조예가 깊었다. 그는 미국의 NGO 리더들과 심층 인터뷰를 하면서 정리한 책 『비영리 단체의 경영』(Managing the Non-Profit Organization, Principles and Practices)를 1990년에 발간했다. 그는 NGO 사람들에게 깨우침과 도움을 준 저명한 NGO 경영전문가이기도 하다. 내가 NGO(비정부기구)라고 부르며 일해온 조직의 영역을 넓혀 NPO 즉 비영리 민간단체란 용어로 정리해 주었다.

드러커 박사의 저서를 통해 확인한 내용들이 내가 NGO의 정체성을 알기 위해 혼자 애쓰며 정리했던 내용들과 크게 다르지 않아 기뻤다. 그 후로 계속 출간된 그의 책들이 보다 구체적이고 투철한 사명감 선언의 자리로 나를 이끌었고 내 핵심 가치(Core Value)를 확고히 하는 데 도움이 되었다. 오랜 방황 끝에 내가 NGO와 관련해 확인하게 된 지식과 정보의 내용은 매우 단순하고 명확했다.

드러커 박사는 NGO를 NPO(Non-Profit Organization) 즉 비영리 조직이란 말로 표현하면서 NGO를 NPO 안에 포괄했다. 영리를 목적으로 하지 않고 사회에서 활동하는 조직들을 모두 포함하여 그 범위를 넓혔다. 그는 비영리 조직(NPO)을 학교, 병원, 교회 등 종교단체까지 모두 포함하는 개념으로 설명했다. 그는 NGO 혹은 NPO로 표현되는 비정부, 비영리 조직을 좀더 "비영리" 즉 영리를 목적으로 세워진 조직이 아니라는 점을 강조했다. NGO (Non-Governmental Organization)는 비정부 기관이다. NGO는 비영리기관이지만 정부 기관에 대칭하는 말로 비정부 기관이라 한다. 반면에 NPO(Non-Profit Organization) 역시 비정부 기관이지만 영리를 목적으로 하지 않는데 더 중점을 두고 부르는 명칭이다. 정부 기관은 국민을 위해서 일하는 공적 업무를 이행함으로 국민이 낸 세금으로 운영되는 기관이다. 법과 제도와 정책을 만들어 국가의 모든 시스템이 잘 운영되도록 통제하는 기능을 가진 조직이다.

정부 기관도 영리기업도 아닌 '비영리 민간기관'인 NGO·NPO는 어떤 일을 어떻게 시행하는 곳인가? NGO·NPO는 가치를 파는 기관이다. 가치를 창출하기 위해 일하면서 남을 유익하게 하고 사회에 긍정적인 변화를 주는데 목적을 두고 일하는 기관이다. 가치를 실현하는 장이고 사명감을 실천하는 일터다. 특히 작은 자들, 가장 작은 이웃에 기회를 주고 기쁨을 주며 행복을 나누는 일터다. 이러한 NGO·NPO 기관에서 일하는 종사자들에게 가장 중요한 것은 '사명'이다. 물론 물질이 우리 삶의 필수 요소로 매우 중요하나 물질보다 사명을 더 우선순위에 두는 사람들의 조직이 NGO·NPO다. 따라서 NGO·NPO 활동가들이 만들어내는 성과는 '변화'다. 피터 드러커는 NGO·NPO가 만들어내는 제품이 있다면 그것은 "변화된 한 인간"이라고 했다. 그에 따르면 NGO·NPO는 '사람을 바뀌게 하는 전문 직업 단체'다. 병원에서 활동하는 NGO 활동가의 성과는 얼마나 많은 사람이 병원에 와서 치료받았는가가 아니고 얼마나 많은 사람이 병을 고쳤는가이다. 병원은 환자를 건강한 사람으로 바뀌게 하는 곳이란 뜻이다.

아동인권옹호 활동을 하는 아동 NGO의 성과는 무엇일까? 정부가 아동인권에 기반해 아동 정책을 만들고 정책 이행의 결과, 아동에게 최상의 이익이 가장 먼저 고려되고 아동의 삶에 긍정적인 영향을 주었는지 그 영향(Impact)을 평가하면서 아동의 삶의 질을 변화시키고 개선하는 결과를 얻어내는 것이다. 이런 옹호 활동은 정부가 의무이행자로서 권리주체자인 아동의 권리를 보호, 존중, 실현하는 정부의 책무성을 다하고 있는지 아동에 미치는 영향(Impact)을 평가하고 아동의 삶에 변화를 확인하기도 한다.

　이러한 옹호 활동은 정부 거버넌스(Governance)의 변화, 즉 국가를 경영하는 방식에 변화를 가져오게 하고 동시에 아동들의 삶의 질에 변화를 주게 된다. 아동인권옹호 NGO가 아동의 가장 가까운 타인인 부모, 교사, 아동복지 생활 시설 종사자 대상으로 옹호 활동을 하면 아동 양육, 보육, 교육 환경에 변화를 주게 되고 아동을 대하는 그들의 자세와 태도에 변화가 일어난다. 아동에게 안전하고 유익한 아동 친화 환경으로 바뀌는 일도 일어난다. 이러한 크고 작은 긍정적 변화는 피터 드러커 박사의 표현을 빌리자면 NGO·NPO 활동이 생산하는 '제품'이다. NGO·NPO 활동가들이 수행하는 일의 가치는 더없이 귀하고 높지만, 그 성과는 눈에 보이고 손으로 만질 수 있는 기업의 제품과는 다르다. 영리 기관(Profit-Organization, PO)의 제품은 사용하면 닳고 시간이 흐름에 따라 사라지지만, 비영리(NPO) 비정부 기관(NGO)이 만드는 제품은 시간이 갈수록 그 가치를 더해간다. 그 가치가 빛을 발하게 되면 뜻있고 의식 높은 인적·물적 자원들이 더 많이 모여 함께 협력하여 큰 힘을 만들어 우리 사회를 아름답게 가꾼다.

아동인권에 기반한 조직
(Child Rights Based Organization, CRBO)

　'체계'는 어려운 단어다. 영어 단어로 스트럭처(Structure)인데 나는 이 단어가 어려웠다. 2007년에 세이브더칠드런 스웨덴 아시아 태평양 지역 사무실에서 발간한 긍정적인 훈육이 저술되는 과정에서 나는 『긍정적 훈육』(Positive Discipline, 2007)의 저자인 캐나다 마니토바 대학 조안 듀란트 박사와 만났다. 책의 저술 진도에 따라 여러 차례 아시아 지역 현장에서 일하는 전문가들이 태국 방콕에서 듀란트 박사와 만나 워크숍을 했다.

　그때 긍정적 훈육의 가장 중요한 열쇳말이 '체계'였다. 체계란 단어가 나에게 긍정적 훈육 전반을 이해하는데 걸림돌이 되었던 기억이 지금도 새롭다. 영어가 모국어가 아닌 사람에게 영어 배우기가 어려운 것은 하나의 단어가 가지는 다양한 의미와 그 단어가 때에 따기 달라지는 뉘앙스 때문인 것 같다. 더구나 한국에서는 외국어를 가르치는 교수법이 주입식이어서 문법과 단어암기와 번역과 작문에 집중하기 때문에 영어가 소통의 도구가 될 때, 단어의 쓰임새와 단어 사용 상황에 따라 뉘앙스가 달라진다는 것을 파악하는 훈련은 받기 어렵다. 외국어 배우는 일을 즐겨 늘 열심히 공부했음에도 한 단어의 의미를 깊이 있게 이해하지 못하는 경우가 있었다. '체계'라는 영어 단어가 '조직'과 연계된 의미로 나의 뇌리에 새겨졌기에 그랬던 것 같다. 당시 한국의 조직 체계(Organizational Structure)는 피라미드형 계층제여서 긍정적 훈육의 열쇳말인 '체계'의 의미와 조직의 체계를 함께 이해할 수 있는 연결 고리를 찾지 못해 혼란스러웠다.

긍정적 훈육에서 듀란트 박사가 강조하는 체계는 쉬운 말로 정보(Information)와 안내(Guidance)를 뜻한다. 아이들을 양육할 때 매우 중요한 단어로 체계란 말을 사용했다. 그러나 내가 당시 이해하고 있던 체계는 한국의 관료적이며 위계질서를 강요하는 조직 체계(Organizational Structure)였다.

2021년 한국 정부는 물론 비정부·비영리기관(NGO·NPO), 유엔기구, 정부 출연 연구 기관 등 다양한 기관이 유엔아동권리협약 비준 30주년을 기념했다. 각종 연구보고서를 발간하고 다양한 사업과 행사가 이어졌다. 협약에 준거한 아동인권의 보호, 존중, 실천을 위한 아동인권옹호 활동을 사명으로 삼고 일해왔기에 지난 30여 년 동안 한국의 협약 이행과 관련한 변화된 모습에 보람을 느낄 수 있었다. 무엇보다 크게 눈에 띈 변화는 권리주체자인 아동의 권리 증진에 있어 첫 번째 의무이행자인 정부의 변화다. 정부 기관을 제 1섹터, 영리 기관은 제 2섹터, 그리고 비영리·비정부 기관을 제 3섹터라 부르며 사회에 공존하는 3개 조직을 3영역으로 분류해 설명한다.

제 1섹터에서의 변화는 쉽지 않고 시간이 걸리기에 늦게 나타나는 것이 일상이다. 그런데 최근 아동권리협약을 이행하는 자세와 태도에서 제 1섹터인 정부가 변화를 보였다. 정부의 변화는 유엔아동권리협약 이행 국가보고서 제 5·6차 심의 때 볼 수 있었다. 한국 정부가 심의를 대비한 준비 과정에서 보인 성의 있는 모습과 협력이 예전과는 조금 달라 보였다. 협약 이행을 위한 활동은 언제나 비정부·비영리 민간단체들이 앞서 준비하며 열정을 보여왔기에 과거에는 정부의 소극적인 대응에 비영리·비정부 민간단체들이 불만을 갖기도 했다.

그러나 대한민국 정부 협약 이행 국가보고서 제 5·6차 심의에서 우리 정부는 아동 문제에 의무적으로 접근하는 모습을 넘어서 예전과는 다른 진정성 있는 관심을 보이며 의무이행자의 역할과 책무성을 강화한 자세를 보여주었다. 과거 국가보고서 제 1차 심의와 제 2차 심의, 그리고 3·4차 심의에서 보여준 정부의 대응과는 여러 면에서 긍정적인 변화를 보였다. 196개 협약 비준국으로부터 들어오는 협약 이행 국가 보고서를 심의하는 국제아동권리모니터링 기구인 유엔아동권리위원회에서 과거 심의 때, 한국 정부에 권고한 주요 항목들의 이행상황이 여전히 미흡함이 언급되었다. 하지만 우리 정부가 권고 사항의 이행을 무시하거나 간과했다기보다 현재 이행 과정

중이거나 문제 요인의 근절을 통한 가시적인 변화를 이끌기 위한 심층적인 연구와 제도의 변화가 필요한 문제여서 실현을 위한 노력의 과정이라고 이해했다.

이런 맥락에서 우리가 희망적으로 본 점은 의무 이행자 1호를 점하는 정부가 아동의 문제에 새로운 시각과 자세로 접근하기 시작했다는 것이다. 과거에 비정부·비영리 민간단체들이 문제로 제기해온 정부 부처 간의 협의와 협력이 긍정적으로 평가된 것에 희망을 걸게 되었다. 제5대 유엔 사무총장이었던 하비에르 총장은 유엔아동권리협약 제정 당시 "그 사회의 아동을 어떻게 대하느냐에 따라 그 사회의 미래가 정해진다"고 했다. 이는 유엔아동권리협약 제정의 중요성과 협약 이행을 통한 아동인권의 보호, 존중, 실현이 사회에 미치게 될 영향(Impact)을 예견한 것으로 이해된다.

대한민국의 유엔아동권리협약 비준 30년을 맞으며 보게 된 또 하나의 변화가 있다. 비영리·비정부 민간단체에서 일어난 변화다. 대형 아동 NGO들이 그들의 정체성의 변화를 알린 것이다. 한국의 대형 아동 NGO들은 대부분 한국전쟁을 전후하여 한국에 들어와 활동한 해외 원조단체의 한국지부로 시작된 기관이다. 이들은 당시 전쟁으로 부모와 가족을 잃은 고아들을 살리기 위해 일했다. 자선사업으로 시작하여 지역사회 개발 사업으로 발전하면서 자신들의 정체성을 구호·개발 NGO(Relief·Development NGO)로 자리매김했던 기관이다.

그러나 대한민국 협약 비준 30년을 기념하는 시점에서 이들 몇몇 대형 아동 구호·개발 NGO들이 행사장의 홍보 현수막을 통해서, 혹은 언론과의 인터뷰 기사를 통해서 기관의 정체성을 '아동인권옹호 대표기관' 혹은 '글로벌 아동권리 옹호 기관' 등으로 바꿔 말했다. 비정부·비영리기관이라는 정체성을 그대로 두고 수식어들이 바뀐 것이다. '글로벌 아동인권'이나 '아동인권옹호'라는 단어들이 자선이나 구호·개발이란 단어들을 대신하고 있었다. 이름이나 수식어가 바뀐다고 조직이 의도하는 변화가 저절로 따라오는 건 아니다. 과연 한국의 대형 아동 NGO 조직에 어떤 변화가 일어났을까? 무엇을 어떻게 바꾸어 정체성의 변화를 이끌었을까?

한 조직의 정체성 변화는 그 조직의 핵심 가치와 사명에 변화가 있음을 암시하는 것이다. 내적으로 조직의 비전과 사명에 변화가 있다면 동시에 외적인 구조와 체계의 변화도 있어야 한다. 이름만 바꾼다고 정체성이 바뀌지는 않는다. 한국전쟁 후 해외원조 단체들이 들어와서 한국지부를 세우고 전후의 심각한 상황, 즉 아동의 생명을 긴급하게 구하는 긴급구호를 위한 자선사업에서 점진적으로 개발과 발전을 위한 사업으로 변형되는 시기를 거쳤다. 그래서 구호와 개발을 함께 하는 아동 NGO들은 아동의 삶에 많은 영향을 주었고 그들의 삶의 질을 개선하기 위한 '변화 인자'(Change Agent)의 역할을 했다. 이제 그들은 자신의 정체성을 아동권리 옹호 기관이라고 말한다. 이들이 달라진 것이 무얼까? 아동권리 옹호 기관이라면 그 조직 내에서 일어난 변화는 무엇일까?

코피 아난 유엔 사무총장(1997~2006)은 그의 총장 임기 중 유엔기구의 모든 영역에 인권을 주류화(Main Streaming)할 것을 언급했다. 그리고 유엔기구와 국제사회는 인권을 주류화하는 추세로 변하기 시작했다. 선진국에서는 정부와 NGO들이 앞장서 인권 주류화 운동을 펼치며 인권에 기반한 접근(Rights Based Approach, RBA)이란 용어를 쓰기 시작했고 따라서 아동인권에 기반한 접근(Child Rights Based Approach, CRBA)이라는 말도 함께 등장하게 되었다. 100여 년 전에 세계아동권리선언문을 최초로 작성하여 선포하면서 시작된 세이브더칠드런 국제연맹은 기관의 정체성뿐 아니라 조직의 체계와 운영 및 행정 관리와 사업 현장의 사업 기획, 관리, 모니터링 평가 등 기관의 모든 조직운영과 사업수행의 전 과정에 아동권리에 기반한 접근(CRBA)을 적용하기 위해 힘썼으며 이를 위해 국제 아동 NGO 전문가들이 오랫동안 연구와 노력을 지속하고 있다. 아동인권에 기반한 비정부·비영리 조직으로서의 거버넌스 체계와 운영, 행정, 관리와 사업을 아동인권 기반으로 시행해 아동에게 최상의 이익을 주는 원칙이 최우선으로 고려되고 보장되도록 해야 한다는 기본 원칙을 지키는 기관이 되기 위해 시간과 물질과 전문성을 투입했던 것이다.

아동인권옹호 NGO는 다른 말로 '아동인권에 기반한 조직'(Child Rights Based Organization, CRBO)이다. 따라서 한국의 대형 아동 NGO·NPO들이 정체성의 변화를 주면서 구호·개발 NGO에서 아동인권옹호 대표기관, 혹은 글로벌 아동권리 옹호 NGO로 정체성이 바뀌었다면 이 정체성에 맞는 조직의 구조와 체계의 변화를 포함한 인권이 주류화되는 조직에 합당한 변화를 위해 지속적인 연구와 노력이 필요하다. '아동인권에 기반한 조직'이란 조직의 내적, 외적 모든 단계에서 인권의 가치와 원칙이 적용되는 조직을 말한다. 단순히 "우리 조직은 아동인권에 기반한 조직입니다", "우리 조직은 아동인권옹호 대표기관입니다", "우리는 글로벌 아동인권옹호 NGO입니다"라고 말하며 홍보한다고 되는 것은 아니다.

아동인권옹호 조직은 조직 내의 모든 사무를 처리하고 사업을 수행할 때 조직의 위계질서나 계층제를 내려놓고 조직의 모든 구성원이 평등하며 진정한 참여가 이루어지고 그들의 책무성에 대한 인식이 높고 비차별의 원칙이 준수되며 모든 행정절차와 사업 이행 과정이 투명한 조직이다. 조직 내 모든 구성원을 존엄과 상호존중의 정신으로 대하며 공평하고 정의로움을 실현하는 것을 사명으로 일하는 곳이다.

인권에 기반한 조직은 한마디로 조직의 정의를 실현하는 곳이다. 조직의 정의란 조직의 체계가 위계를 넘어 모든 구성원, 고용인이나 피고용인 모두 상호 간의 인권이 존중되고 실현될 수 있도록 의무이행자와 권리주체자의 선순환 관계를 충분히 이해하고 지킨다는 것을 의미한다. 인권에 기반한 조직은 직원들의 보상 문제, 복리후생 문제가 투명하고 공정해야 한다. 조직의 규칙이나 규정을 함께 만들고 지켜나갈 때 일관성을 유지해야 한다. 중요한 사안을 결정할 때 차별과 배제 없이 직원들의 참여가 증진되는 곳이며 윤리와 도덕적 기준을 오롯이 지켜나가는 조직이 인권에 기반한 조직이다. 무엇보다 고용주와 피고용인 간, 지도자와 종사자 간 상호작용에서의 정의 실현 여부가 인권에 기반한 조직 여부를 가늠하게 하는 기본 요소가 된다. 가장 중요한 것은 조직의 프로그램을 아동인권에 기반하여 준비하게 될 때 반드시 아동을 중심에 두어야 하며 아동과 함께, 아동을 위해 수행해야 한다는 점이다.

특히 아동인권에 기반한 조직은 아동이 주도하고 성인이 함께하여 사업의 기획부터 모니터링 평가에 이르기까지 아동의 참여를 극대화하면서 사업을 성취하여 아동과 성인이 함께 유익과 만족을 누리도록 하는 것을 추구해야 한다. 한국에서 적극적으로 활동하는 대형 아동 NGO들이 한국의 전쟁고아를 살리기 위한 자선 기반 접근을 통한 아동복지 자선사업으로 시작하였으나 점진적으로 욕구에 기반한 구호·개발 사업으로, 다시 인권에 기반한 접근을 통한 아동인권옹호 사업으로 변화와 발전을 이루어 가면서 국제사회와 어깨를 나란히 하게 됨을 다행으로 생각한다. 한국의 아동 NGO들이 말로만이 아닌, 조직의 체계로부터 운영 전반에 변화를 이끌어 조직의 미션과 비전을 새롭게 하고 아동권리프로그래밍을 시행하여 한국 사회에 아동인권 친화 문화를 조성하는 데 앞서 나가길 바란다.

무위경영 NGO

1992년 12월 칼바람 부는 추운 겨울날 서울 강남구 끝자락에 자리한 영구임대아파트단지 안에 세워진 지역사회복지관에 입주하여 개관 준비를 했다. 복지관 건물과 주변 환경 모두 열악했다. 지하 1층, 지상 3층 건물로 엘리베이터가 없다. 복지관에서 일하는 복지사들에겐 큰 문제가 아니나 복지관 이용 주민들에겐 심각한 문제다. 복지관 이용 주민 대다수가 장애가 있거나 거동이 어려운 노인들이기 때문이다. 복지관 내 설치된 어린이집 바닥은 냉돌이고 화장실엔 성인 변기가 놓였다. 아연실색할 일이다. 이런저런 어려움을 하나씩 해결해나갔다. 복지관 건물에 당장 엘리베이터를 설치하진 못했으나 어린이집 화장실 변기를 바꾸고 바닥에 온돌을 깔았다. 1992년 12월 입주했으나 1993년 3월 말에 비로소 어린이집을 개원하고 복지관 업무를 시작했다.

글로벌 아동 NGO에서 일하면서 오지 낙후 농어촌 사업장에서 지역사회 개발 사업을 경험했기에 도시의 한 지역사회 주민들과 함께 살며 일하는 것 역시 어렵지 않으리라 생각했다. 그러나 비정부·비영리 민간단체로서 처음으로 정부의 위탁운영 사업을 맡아 수행하는 일은 새로운 도전이었다. 비정부·비영리 민간단체는 일하는 분위기가 정부 기관과 다르다. 자유롭고 융통성 있게 일을 진행할 수 있는 것이 특징이고 강점이다. 사업이 성취되어가는 전 과정이 중요하기에 사업에만 몰입하면 되었다. 반면에 정부가 주도하는 사업은 성과가 증명되는 결과가 중요하다. 그렇지 않으면 과정이 어떠하든 실패한 사업으로 평가받게 된다는 걸 염두에 두고 사업을 수행해야 했다.

정부의 지침이나 규제는 엄격했다. 정부의 위탁사업 이행 과정에서 예기치 못한 상황 발생에 따른 변화나 융통성(Flexibility)을 인정받기는 쉽지 않았다. 글로벌 아동 NGO에서 사업 조정관 일을 시작으로 사업부장을 거쳐 상임 이사직을 수행하게 되면서 정부위탁 지역사회복지관 운영을 책임지는 관장의 직임을 겸하여 받았다. 그동안 사업 현장에서 경험하고 체득한 지식과 기술이 있기에 어떤 일도 두려워하거나 주저함 없이 추진했다. 그간 배우고 터득한 전문성을 열악한 지역사회 환경과 주민들의 상황에 잘 풀어내어 주민들의 삶에 긍정적인 변화를 이끌 수 있도록 최선을 다했다. 그것만이 나와 조직 구성원들의 관심이고 당면 과제였다. 그동안 낙후 농어촌 지역사회 개발 사업을 수행할 때, 사업을 개발하는 시점부터 계획수립과 이행, 모니터링과 평가에 이르는 전 과정에서 사업의 기본 원칙을 준수하는 것을 우선순위에 두었다.

사업의 기본 원칙 중 하나가 주민의 참여다. 주민을 위해 일한다는 마음보다는 주민과 함께한다는 원칙을 철저히 지키는 것이다. 농촌 마을에서는 참여가 잘 이루어졌지만 도시지역에서는 쉽지가 않았다. 영구임대 단지로 입주해 들어온 주민들은 농촌 마을의 주민들과 여러 면에서 달랐다. 정부의 주거 정책에 따라 500여 개의 '달동네'라 불리던 동네에 흩어져 살던 사람들이 정부가 새로 건축한 영구임대단지로 이주해온 사람들이다. 농촌 마을처럼 부모님이 살았고, 조상들이 묻힌 선산이 있고 내 자녀들이 태어난 우리 동네, 우리 마을의 개념이 없는 너무나 색다른 사람들의 공동체였다. 이들의 의견이 일치되는 일이 쉽지 않았다. 모두 개인 일로 분주했다. 서로 많이 다른 환경과 인생 경험을 지닌 사람들이 모였다. 장애인과 고령의 어르신 가구가 많았다. 주민들이 모여 사업을 의논할 때면 토론을 통한 합의 보다는 각자 개인의 사정을 토로하고 도움이나 지원을 호소했다. 다 함께 노력하고 다 함께 살기 좋은 동네를 만들어 보자는 운동은 무시되곤 했다. 복지관 운영 초기에 복지 분야의 한 교수가 전문가들과 함께 복지관을 방문했는데 지역을 둘러본 후 한마디를 남기고 떠났다. 그때 그 말을 지금도 잊을 수 없다. "이런 지역은 얼마 지나지 않아 미국의 슬럼가처럼 될 것입니다." 그때 나는 그런 일은 없을 것이고 그렇게 되도록 두지도 않을 것이라 마음속으로 다짐했다.

인내심을 가지고 마음 다해 주민들과 동등한 입장에서 그들의 진솔한 목소리가 들려지도록 격려하며 주민들이 스스로 일어서도록 기다리며 함께 훈련했다. 사업의 구상부터 평가에 이르는 전 과정을 주민이 중심에 서도록 했다. 주민이 주인이 되고 아동이 중심이 되는 사업으로 이끌길 소망했다. 그것이 내가 오랜 기간 사업 현장에서 체득한 철학이고 가치며 일하는 방식이었다. 이 일을 함께 감당할 팀을 구성했다. 한마음 한뜻으로 함께 일할 일꾼들을 모았다. 새일꾼들을 찾아 팀을 이루고 조직을 경영할 준비를 했다. 우수한 사회복지사들과 영유아 교사들로 팀을 구성했다. 그동안 사업을 개발하고 사업을 성공적으로 운영하는데 전문성을 인정받았다면 이제는 경영인으로 다시 태어나야 했다. 그간 정보를 모으며 연구해온 NGO 경영과 리더십을 발휘할 때였다.

팀을 구성하고 가장 우선순위에 놓은 것이 건물 관리와 안전, 그리고 재정 관리였다. 농촌 사업장에서 만나 오래 함께 일한 동료 중에 숫자에 밝고 정직하고 겸손한 성품의 인재를 찾아 총무 영역을 맡겼다. 그가 정부가 요청하는 각종 문서에 실수 없이 대처해 주었다. 전문성이 필요한 일 외에 복지관 건물 관리, 청소, 소방, 안전을 맡길 직원은 지역주민 중에서 고용했다. 그리고 복지관 사업과 어린이집의 보육은 전문가들을 채용했다.

농촌 사업장에서 주민들과 일할 때, 나는 어떤 일도 지시하거나 가르치지 않았다. 새로 열린 도시 사업장에서도 직원들과 주민들의 잠재력을 신뢰했고 함께 생각하고 같이 고민하며 문제를 풀어가며 함께 살았다. 우리는 모두 동등하게 한 표를 행사하는 지역사회 구성원이었다. 누구에게나 잠재된 창의력이 있고 자기만의 생각이 있다는 것을 인정하고 신뢰했다. 그래서 중요한 일을 결정할 때 묻고 답하며 토론했다. 내가 아는 것, 내가 가장 익숙하게 몸에 밴 일하는 자세와 태도를 그대로 종합사회복지관과 어린이집의 조직경영과 관리, 사업운영에 적용했다.

한 대형 글로벌 NGO에서 현장 사업의 책임자로 일하던 내가 한 조직의 경영을 책임지게 되니 제대로 하고 있는지 불안했다. 경영자로서의 경험이 일천하다 보니 부족한 부분을 메꾸려 각종 경영 서적을 읽고 연구했다. 해외 출장길에 오르면 서점에서 경영 관련 신간을 찾았다. 그때 만났고 큰 도움을 받은 경영인이 피터 드러커 박사다. 그분의 모든 저서를 섭렵하면서 당시로는 만나기 어려운 『비영리단체의 경영』이란 제목의 저서를 누구보다 먼저 찾아 읽었다. 경영 일선에서 일한다고 사업전문가가 바로 탁월한 경영인이 될 수는 없을 것이다. 그러나 복지관 관장의 직임을 수행하면서 같은 분야에서 일하는 다양한 경영인들을 만났고 그들과 소통했다. 경영 관련 지식과 정보가 모이고 경험도 조금씩 쌓여갔다. 일터에서 함께 일하는 동료들, 복지 전문가들과 교사들이 편안하고 자유로운 분위기에서 자신들의 기량과 창의력을 마음껏 발휘해 주기를 간절히 소망했기에 그런 업무환경 조성에 힘썼다. 모두가 즐겁고 보람 있게 일하는 일터가 되길 원했다. 일하면서 배우는 자세, 주민들을 진정으로 대하는 태도, 직장 내 모든 사람과의 올바른 관계 형성의 자세를 건

고하게 유지했다.

　경영을 배우면서 가장 중요하게 생각하고 깊이 연구한 것은 리더십이었다. 특히 NGO 리더십에 대한 많은 정보를 모았고 열심히 공부했다. 그 와중에 정말 내게 맞춤형으로 꼭 맞는 경영 서적을 만났다. 1999년 말, 내가 한 조직의 경영자로 일을 시작한 지 6년 차로 접어든 시점이었다. 책의 제목은『무위경영』(無爲經營)으로 도서출판 선재에서 펴냈다. 나는 제임스 오트리와 스티븐 미첼의 공저로 박태석이 옮긴 이 책을 읽고 또 읽었다. 경영인으로 나의 부족함을 채우기 위한 오랜 노력의 결과로 만난 책으로, 큰 도움과 힘을 얻었다. 무위경영을 읽고 나는 감사했다. 이 책은 노자의 도덕경의 핵심인 무위자연 사상을 기업경영에 접목했다. 이 책에 대해 한 기자는 "경영자가 경영을 하되 그 행위에 경영자의 자아(Ego)가 드러나지 않아 경영과 노동이 서로 화평한 관계를 이루는 이상적인 경영철학"이라고 평했다. 이 책의 다섯 개 소제목이 핵심내용을 잘 보여주고 있다.

　1) 현명한 지도자 2) 관리하려 하지 마라 3) 동기를 부여하라 4) 도(진리)를 따르는 공동체를 구성하라 5) 선건지명으로 안내하라. 이 다섯 개 제목은 그대로 조직경영에 있어 나의 실천과제이자 늘 점검하는 사안이 되었다. 지금도 여전히 명심하고 있는 체크리스트다. 한 조직의 경영을 맡은 책임자로서 올바른 일을 올바르게 행하는 도(진리)를 따르는 공동체를 이루며 지역주민들과 함께 살아 낸 세월이 12년 되었다. 복지관 관장 12년 차에 나는 복지관을 떠나 글

로벌 아동 NGO 본부로 복귀하였다. 복지관에서 12년 간 주민들과 전문직 일꾼들과 합을 이루어 절대적으로 그들을 신뢰하고 순리대로 자연스러운 흐름에 맡기고 서로 존중하고 협력하면서 일했다. 아무것도 하지 않지만 모든 것이 성취되는 기이한 과정을 몸과 마음으로 겪으며 일했다. 후회가 없다. 돌이켜 보면 모두가 기쁘고 신나는 경험을 나눈 일터였다.

31년간 열정 다해 헌신한 조직, 글로벌 아동 NGO를 떠났다. 2011년 3월, 뜻을 같이하는 친구들과 함께 작은 아동인권옹호 NGO를 세워 일하고 있다. 2023년 3월에 이 조직이 만 열한 살이 되었다. 11년 차를 맞은 이 작은 아동옹호 NGO는 위계가 없는 조직이다. 구성원들 간에 신뢰와 역할만 있다. 전 직원이 조직의 주인으로 일한다. 모두 국장이고 팀장이다. 모두 전문가이고 조직의 대표다. 구성원의 수는 10명 안팎에 머문다. 작지만 전문적이고, 약해 보이지만 강한 조직이다. 함께 일하는 일꾼들은 어떤 제재도 받거나 주지 않는다. 각자 알아서 일하고 서로 존중한다. 주 1회 전체회의를 통해 주요 안건을 함께 처리한다. 조직의 대표, 상근이사, 직원들 모두 발언하고 모두 의견을 자유롭게 말한다. 의문 사항이 있을 때 누구나 질문한다. 누구든지 도움이나 협력이 필요하면 회의를 소집한다. 교육 훈련 전문가들은 교육하고 훈련하고 교육 관련 모든 사업을 운영한다. 연구자들은 연구에 몰두한다. 총무, 회계, 관리를 맡은 직원은 그 분야 최고 전문가로 강한 책무성과 투명성을 담보하며 정확하게 일한다. 홍보를 담당하는 직원은 타고난 재주와 창의력을 발휘, 각종 매체를 활용해 조직을 알리고 홍보한다. 홍보 담당이 매체를 통해 아동인권을 옹호할 때, 전 직원이 협력하여 친근하고 강한 옹호 메시지를 만들어 대중의 참여와 협력을 구하며 기관의 아동인권옹호 사명을 실천한다. 각종 카드뉴스를 만들어 배포하기도 한다.

이 작은 조직이 태어나서 열한 살이 되었다는 게 기적이다. 과연 이 작은 NGO가 무위경영으로 승리할 수 있을까? 무위란 억지로 제어도 말고 억지로 관리도 말아야 한다. 이것만이 모든 것을 완전무결하게 관리할 수 있는 길이다. 무위경영은 아무것도 하지 않으면서 모든 것을 이루는 것이다. 일터에서 동료들을 신뢰하고, 존중하며, 성급하게 재촉하지 않는다. 지극히 인내하며 기다려 준다. 작은 아동옹호 NGO에서 무위경영이 가능한 것은 종사자들이 자발적으로 투철한 사명을 실천하기 위해 지극한 근면, 지독한 인내, 그리고 불굴의 투지로 일하는 문화를 만들어가기에 가능하다.

04

아동인권옹호가

김인숙

아동옹호 전문가의 자질과 역량

옹호라는 단어는 일상에서 자주 쓰는 말은 아니다. '인권옹호' 혹은 '인권옹호 기관' 등의 표현은 대중적이지 않다. '옹호'란 말의 사전적 정의는 '좋은 마음으로 어떤 일에 끼어들어 약한 사람을 편들어 주거나 힘을 실어 주는 것'이다. 뭔가 타인에게 이롭도록 긍정적인 일을 하는 것이다. 이 땅의 모든 아동이 안전하고 행복하려면 아동과 함께 사는 우리가 아이들 편에 서서 공감하고 이해하고 지지하며 힘을 실어 줄 때 가능하다. 이런 일을 아동옹호라고 말한다. 사람들이 아동을 사랑하며 아끼고 존중하며 세심하게 보살피는 것이 특별한 일이 아닌 일상의 습관이 될 때 우리 아이들이 안전하다. 이것이 아동 친화 환경을 만들려고 애쓰는 이유다. 어떤 특별한 사람이 아닌 모든 사람이 아동옹호가가 되어야 하는 까닭이기도 하다.

아동을 옹호하는 사람은 아동이 누구며 어떤 존재인지 알고 아동기 특성과 발달 단계를 이해하고 아동의 성숙도와 특성에 맞추어 적절하게 반응할 줄 아는 사람이다. 누구나 관심을 가지고 조금만 시간을 할애하면 우리 모두 아동을 보호하고 그들의 인권을 옹호할 수 있다. 만약 우리가 아침에 일어나서 씻고 일터로 나가는 일상처럼 아동을 보호하고 옹호하는 일이 자연스럽게 우리 몸에 밴 습관이 된다면 아동이 안전하고 행복한 사회가 될 수 있다고 믿는다.

만일 아동에 대한 특별한 애정과 이들의 인권을 옹호하는 것을 필생의 사명으로 삼고 옹호 활동을 직업으로 삼아 전문가로 헌신하고자 하는 소망을 품는다면 아동옹호 전문가에게 필요한 자질과 역량을 갖추어야 한다. 아동인권옹호 전문가는 옹호 활동을 기획하고 실행한다. 아동을 위해 아동과 함께 일하는 기관에서 헌신하며 인권과 아동인권을 배우고 숙지할 뿐 아니라 그 지식을 일터 현장에서 적용하고 실천하는 기술이 훈련되어야 한다. 아동과 아동인권을 알고, 아동인권옹호에 대한 지식과 정보, 그리고 기술을 터득해야 한다. 아동을 바라보는 관점과 태도, 자세를 배우고 실천해야 한다. 아동인권의 개념과 가치를 현장에서 실현되도록 하는 역량이 필요하다.

아동인권옹호 전문가는 힘의 관계(Power Relationship)에 '변화'를 담보하는 활동을 해야 하기에 옹호 활동을 통해 사람과 조직, 사회가 변하는 일을 사명으로 삼고 일하는 사람이다. 결국 '변화'를 만드는 것이 관건이다. 이들은 항상 배우고 연구하는 전문가로 인간을 알고, 조직을 알고, 사회 구조와 구성원을 알고, 사회에서 일어나는 각종 문제와 사회적 이슈에 민감한 사람으로 성장한다. 옹호 활동은 혼자 하는 일이 아니다. 한 사람의 빛나는 가치나 높은 뜻이 시작은 될 수 있으나 옹호 활동 전반을 혼자 감당할 수는 없다. 귀한 뜻에 동조하며 함께 갈 동료들을 모아 조직적으로 일해야 한다. 인권옹호 전문가는 사람들의 내적 변화를 유도할 만큼 그들이 주창하는 가치가 다른 사람들의 공감과 참여를 이끌기에 충분해야 한다. 의기투합한 사람들의 연합된 힘으로 행동하여 대의를 이루어 사회 환경에 변화를 이끄는 것이다. 옹호 활동은 사회 구성원들 간의 힘의 균형에 변화를 줄 만큼 영향력이 있어야 한다. 사회의 법과 제도, 그리고 정책의 변화를 이끄는 힘의 균형을 이루는 것에 목적을 둔다. 옹호 활동은 구조적으로 장기적인 변화가 일어나는 강력한 힘을 발휘하게 된다. 한 사회의 변화는 그 사회의 가치관과 신념의 변화를 말한다.

아동인권옹호 활동은 아동을 알고 아동의 인권을 체험적으로 내재화하여 나와 이웃, 나와 조직, 나와 국가를 연계하여 심도 있게 활동할 때 비로소 성과를 얻는다. 아동인권옹호 활동은 나 자신의 유익을 위하거나 내 자녀의 유익만을 위해 하는 사사로운 활동이 아니다. 옹호 활동은 타인의 이익 즉 타인을 유익하게 하는 일에 헌신하는 것이다. 특히 아동인권옹호 활동은 아동의 최상의 이익을 가장 먼저 고려하는 활동이다. 자칫 피해가거나 간과하기 쉬운 아동인권 침해상황이나 아동의 인권과 관련하여 발생하는 갈등 사안을 예리하게 감지하고 파악하여 그것을 보이는 곳으로 드러내어 사회적 이슈로 만드는 능력이 필요하다. 아동인권 침해 이슈의 현상적인 원인과 뿌리 깊은 근원을 찾아 제거함으로 해결방안에 접근해 가는 기술 또한 요청된다. 아동인권옹호는 구체적인 문제 제기와 믿을 만한 대안을 제시하는 적극적이고 긍정적인 활동이다. 아동을 위한 국가의 정책 입안과 수행과정에 개입, 아동의 삶에 유익을 주도록 하는 지속성을 요청하는 활동이다. 아동인권옹호 활동은 간단하지도, 쉽지도 않다. 오랜 기다림과 인내가 필요하다. 투철한 사명감과 이타심으로 무장된 아동인권옹호 전문가를 만나는 일은 쉽지 않다.

국제사회에서도 아동인권옹호 전문가는 소수에 불과하다. 아직은 아동인권의 개념이 사회에 깊이 뿌리 내리지 못한 시점이기 때문이다. 우리 사회에는 여성과 환경, 장애인 문제 등의 주제와 관련한 많은 옹호 단체와 전문적인 옹호 활동가들이 있다. 하지만 아동인권 문제의 의제 설정은 상대적으로 열악한 상황이다. 아동인권의 의제 설정을 위한 적극적 참여와 연대하는 능력, 기술이 더 많이 필요한 상황이다. 인권이나 아동인권옹호 활동과 관련하여 모델이 될 만한 성공 사례를 찾기도 쉽지 않다.

인권옹호 기관으로 역사와 전통을 지켜온 국제 NGO 옥스팜 (OXFAM)의 인권옹호 활동은 우리가 만난 성공 사례로 주목받는다. 2001년 옥스팜은 빈곤 국가의 AIDS 환자가 경제적 이유로 치료약을 구하지 못하여 사망하는 일을 예방하기 위해 뜻을 같이하는 NGO들과 연대하여 옹호 활동을 시작했다. 옥스팜의 옹호 캠페인은 제약회사의 주요 의사결정자와 정부를 대상으로 미디어와 대중운동을 결합하는 방법으로 진행되었다. 그 결과 제약회사의 AIDS 관련 의약품의 가격 인하를 끌어낼 수 있었다. 옥스팜이 지닌 가치와 대의가 다른 NGO들의 연대와 대중의 참여를 이끌었고 힘의 균형에 변화를 주면서 가난한 AIDS 환자들이 저렴한 가격에 의약품을 살 수 있게 함으로써 생명을 살리는 결과를 가져왔다.

옥스팜 옹호 활동의 성공 요인은 많은 돈을 모금하여 비싼 가격에 의약품을 구매하여 가난한 환자들에게 자선을 베푸는 일회성 활동이 아닌 힘과 부를 지닌 제약회사의 의사 결정자들과 막강한 권력을 가진 정부를 움직여 가장 작은 자들의 생명을 살리는 지속 가능한 일을 언론과 대중의 참여 속에 진행한 것이다. 그럼으로써 옹호 활동의 성공 사례가 되었다.

아동인권옹호 활동을 성공으로 이끈 모범 사례도 있다. 아동인권 옹호 100년의 역사를 지닌 글로벌 아동 NGO 세이브더칠드런이 방글라데시에서 이루어 낸 옹호 활동의 성과다. 세이브더칠드런은 방글라데시 언론사와의 연대를 통해 방글라데시의 양대 정당 구성원들과 원탁토론회를 개최, 각 정당이 아동인권 증진을 위한 공약을 다짐하고 추진하도록 옹호 활동을 했다. 원탁회의에서 공약된 내용이 언론사를 통해 지역신문에 보도되어 대중의 인식이 증진되었다. 이후 양쪽 정당은 성명서를 통해 아동의 인권과 관련된 주제를 다룰 것을 약속했다. 이에 세이브더칠드런은 그들의 성명서 내용을 유인물로 만들어 퍼뜨려 정부의 아동인권 관련 정책을 촉진하는데 기여했다.

인권옹호 활동은 어렵고 힘든 일이다. 그러나 매우 유익한 변화를 이끈다. 세상은 계속 발전되고 변화되어왔다. 앞으로도 많은 것이 바뀔 것이다. 우리의 미래는 불확실하다. 오랜 세월, 그리고 지금도 여전히 안정적인 직업이라고 안주해온 전문직조차 장래성을 보장받지 못하는 세상이 되었다. 21세기에 들어와 많은 직종의 일자리 보장이 도전받는다. 우리의 미래는 인권이 주류화된 세상이 될 것으로 예측된다. 국제사회의 동향이나 우리 사회의 흐름을 보아도 권위적 질서를 계속 고집하는 사람은 함께 살기 어려운 세상이 되었다. 인간을 바라보는 관점과 아동을 바라보는 시각, 장애인을 알고 이해하는 공감 능력 등 작은 자를 대하는 자세와 태도가 달라지고 개선되어야 한다. 이제 우리는 모두 아동옹호가로 살아야 한다.

그러나 아동인권옹호 전문가로 활동하기 원한다면 그에 합당한 자질과 역량을 갖추어야 한다. 사람은 누구나 타고난 기질이 있다. 그것을 개성, 혹은 성격이라고 한다. 아동인권옹호 활동이 자신의 타고난 기질이나 성격에 맞는지 스스로 점검해 보아야 한다. 아동인권옹호에 딱 맞는 기질이나 자질이 따로 있는 것은 아니다. 좋은 기질, 나쁜 기질이 있는 것도 아니다. 기질은 인간이 세상에 나올 때 타고난 것이기에 아동인권옹호 전문가로 일하고 싶다면 타고난 기질의 강점을 극대화하여 필요한 성품과 인격으로 계발해 나갈 수 있다.

아동이나 성인이나 구별 없이 모든 사람에게 진화하는 발달 능력(Evolving Capacity)이 있다. 이러한 능력은 인간 누구에게나 있고 특히 아동의 특성 중 매우 중요한 발달 특성으로 꼽힌다. 정도의 차이와 속도의 다름이 있을 뿐 사람은 누구나 처한 환경의 적절성이나 현재 지닌 능력에 대한 타인의 보호와 존중 등 그에게 부여되는 기회에 따라 진화 능력과 잠재력의 극대화를 이루게 된다. 성공한 사람들의 삶에서 드러나는 공통적인 점은 '가치 있는 일에 뜻을 둔다는 것'이다. 가치 있는 일은 열정을 부른다. 가치 있는 일에 열정을 불태우면 협력자들이 따른다. 아동인권옹호 활동은 가치 있는 일이고 이기적인 동기가 아닌 작은 자를 향한 형제애 정신이 동기로 작동된다.

자신에게 인권옹호 활동을 할 수 있는 역량이 있는지 스스로 점검해 볼 때, 제일 먼저 자신의 이타심이 이기심을 이기는지 살펴보아야 한다. '나는 사람들의 이야기에 진심으로 귀를 기울이는 자세가 되어있는지? 나는 나와 아무 상관이 없는 사람이라도 관계 맺는 일을 좋아하고 관계 맺기를 잘해 내는지? 내가 하는 일의 가치를 발견하고 다른 사람에게 참여를 독려할 마음과 열의가 있는지? 나와 생각이 다르지만, 다름을 존중하고 그 다름을 통해 배울 의지가 있는지?' 이러한 질문에 긍정적으로 답한다면 당신은 아동인권옹호 활동을 통해 보람과 기쁨을 느낄 수 있을 것이다. 이는 당신이 타인과 관계를 형성하는 능력, 즉 상호작용 역량이 탁월함을 보여주는 것이다.

그 외에 아동 중심으로 옹호 활동을 하는데 필요한 아동의 존재에 대한 이해와 아동기 발달 특성을 잘 알고 이해하고 있는지도 점검해야 한다. 이는 아동인권옹호 활동에서 기본적인 주요 요소인 아동의 참여를 이끄는데 필요한 능력이 된다. 사람은 모두 다르게 태어난다. 우리 사회는 지금 다문화 사회로 진입했다. 그래서 지금 시대의 아동인권옹호 활동에는 다양성을 수용하는 능력이 필요하다.

또한 아동인권옹호 활동가에게 요청되는 필수 역량 요소가 있다. 옹호 활동은 반드시 '근거 기반으로' 일해야 한다는 것이다. 근거 기반의 이슈를 풀어가기 위해 아동인권의 준거가 되는 국제법과 관련 문서들을 이해하고 현장에서 적용하고 실천할 수 있는 충분한 준비가 되어야 한다. 이를 위해서 소정의 훈련 기간이 필요하다. 아동인권의 지식, 정보 기술을 습득하고 실천하도록 준비되고 역량이 강화된 사람이라면 인권옹호 전문직이 블루오션이 되는 사회에서도 환영받는 일꾼으로 살아가리라 믿는다.

일꾼인가 아니면 삯꾼인가?

자기가 원해서 세상에 태어난 사람은 아무도 없다. 우리는 모두 이 땅으로 보내졌다. 그래서 누구도 자기의 의지로 삶을 시작하지 않는다. 처음부터 인도되고 이끌릴 뿐이다. 인간으로 태어난다는 것은 인간 본연의 존엄성을 지닌 존재로 태어난다는 뜻이다. 그래서 인간으로 태어난 모든 사람은 존엄함을 존중받아야 한다. 인간은 이 땅에서 존엄함을 인정받으며 인간답게 살아야 한다. 인간답게 산다는 것은 무엇인가? 행복하게 사는 것이 인간답게 사는 것이라 말하는 사람이 있다. 무엇이 행복인가? 어떤 이는 건강한 몸으로, 어떤 이는 병약한 몸으로 세상을 산다. 어떤 이는 부유한 가정에 태어나 물질적으로 많은 것을 누리며 살고, 어떤 이는 빈곤한 가정에 태어나 결핍을 느끼며 산다.

세상을 살아 보니 자신의 선택 없이 서로 다르게 태어난 사람에게 그가 지닌 조건이나 환경이 그의 행복과 불행을 결정하는 절대 조건이 아니란 생각을 하게 된다. 어떤 환경에 태어났건 행복한 삶을 누리는 사람이 있고 많은 소유로 물질적 풍요를 누리면서도 불행하게 사는 사람이 있다. 자기 의지와 상관없이 태어난 환경 속에서 자기가 누구며 왜 살아야 하는지, 스스로 찾아낸 존재 이유와 목적을 깨우쳐 그 목표를 이루기 위해 성실하게 살아가는 것이 행복과 불행을 결정한다고 생각한다. 만약 부모가 부를 창출하지 못하여 빈곤한 가정을 꾸린다 해도 아동을 귀히 여기고 자녀의 존엄함을 지켜주며 자녀가 가정에서 더없이 소중하고 존귀한 존재임을 말과 태도로 전하고 알리면 아동은 자존감 높은 사람이 되고 자신의 존엄과 소중함을 지키려는 당당한 인간으로 성장한다. 그러므로 물질의 많고 적음이 한 인간의 인격을 형성하는 데 결정적인 요인으로 작용하지 않으며 행복과 불행을 결정하는 요인도 아니다. 병약하게 태어나서 불행하고 건강하게 태어나서 행복한 삶을 누린다고도 단정할 수 없다.

병약한 사람이나 건강한 사람이나 누구든 자신의 존재 이유를 분명히 알고 그 이유에 의미를 두고 사명과 비전을 성취하기 위해 최선을 다하는 삶이 행복한 삶이라 생각한다. 행복의 정의는 사람마다 다를 수 있다. 행복은 복잡하지 않고 단순하다. 인간이 자신의 삶에 만족하고 기쁨을 누리며 사는 것이 행복이라고 본다. 자기 존재의 존엄함을 깨달아 알고, 자신이 처한 환경과 조건을 수용하고 자신이 처한 상황에서 최선을 다해 살아가는 것이 행복이라 믿는다.

강한 존재감으로 자존감을 높이며 아동기를 살아온 사람은 성인이 되어 일터를 선택하는 일이나 일터에서 자신의 임무를 수행하는 자세나 태도에서 긍정적이다. 반대로 자기 존재의 존엄성을 모르고 존재론적인 소중한 가치 대신 눈에 보이는 물질이나 바로 사라져 버릴 허무한 것을 추구하는 데 집착하면 늘 부족하고 만족을 모르며 불행을 느끼게 된다. 많은 일들을 원망하고 남을 탓하게 된다. 그런 사람은 만족이나 행복보다는 부족, 결핍, 원망과 불만이 앞서게 되어 자기가 누릴 수 있는 많은 것에도 불구하고 결핍과 불행을 느낀다.

우리가 아동인권을 교육하고 훈련할 때, 가장 먼저 다루면서 정확하게 짚고 가는 주제가 있다. 그것은 "아동은 누구인가?", "나는 누구인가?"라는 질문에 존재론적으로 답하는 것이다. 이상한 것은 이 단순한 질문에 거의 모든 사람이 당황한다. 어려운 질문이어서가 아니라 평소에 생각지 못한 질문이어서 당혹스럽다고 한다. 우리는 모두 아동기를 거쳐 성인이 되었다. 그런데 "아동이 어떤 존재인지 말해보자"고 하면 선뜻 답하지 못한다. 존재론적으로 아동이 누구인지, 또 아동과 함께 사는 나는 누구인지를 분명하게 정의 내리는 일은 아동인권교육의 시작이고 기본이다. 존재론적으로 아동이 누구인지 알지 못하면 아동의 인권도, 나의 인권도 이해하기 어렵다.

아동이 이 땅에 태어날 때 어떤 환경에 태어나느냐도 중요하지만, 어떤 인격의 부모나 양육자에 의해 보살핌을 받고 자랐는지는 더욱 중요하며 그것은 아동의 인격 형성에 큰 영향을 준다. 2011년 미국 영화 「헬프」(The Help)가 한국에 소개되었다. 주인공 흑인 가사 도우미 에이블린 클락은 태어나 보니 할머니는 가사 노예고 어머니는 가사 도우미였다. 에이블린 역시 14살부터 백인 가정에 가사 도우미로 고용되어 아이를 돌보는 일을 평생 하며 산다. 자신이 선택하진 않았지만 그녀가 태어난 가정환경은 열악했고 백인 여주인의 인종차별은 무참했다. 모욕적이고 무례하기 그지없다. 자신의 아이를 맡아 양육하는 가사 도우미를 함부로 대하고 부린다. 그러나 에이블린은 한결같이 자신의 의무를 성실히 이행한다. 자신이 맡아 양육하는 아이를 무릎에 앉히고 따뜻한 눈길로 바라보며 진심으로 말한다. "너는 친절하고 너는 똑똑하고 너는 소중하단다."

영화에서는 백인 여주인들과 같은 마을에서 태어나서 함께 학교에 다녔으나 다른 길을 걷는 한 여성이 있었다. 작가 지망생 유지니아 스키터다. 그녀는 '가사 도우미의 관점에서 본 가사 도우미들의 삶'을 책으로 쓰고 싶어 에이블린을 만난다. 유지니아 역시 어릴 때 자기 집 가사 도우미였던 콘스탄틴 이란 흑인 가사 도우미에게 양육받았고 지금도 여전히 콘스탄틴이 자신에게 자주 해주던 말 "너는 아주 특별한 인생을 살 거야"라는 말을 소중하게 간직하고 사는 여성이다. 그녀는 백인의 입장, 백인의 관점이 아닌 흑인 가사 도우미의 관점에서 본 가사 도우미의 인생을 에이블린과 그녀의 동료 가사도우미들의 입을 통해 말하고 증언하도록 한다. 이들의 진솔한 증언을 기반으로 쓴 책 『헬프』(The Help)는 베스트셀러가 된다.

베스트셀러가 된 책의 주역인 에이블린은 여주인에게 해고당한다. 그러나 에이블린은 해고당함으로 인해 얻은 온전한 자유를 누리며 기뻐하고 감사한다. 그녀의 새로운 삶은 행복하고 평온하다. 진정한 기쁨, 만족, 행복은 눈에 보이거나 손으로 만질 수 있는 것에서 오지 않는다. 진정한 기쁨과 행복은 보이지 않은 곳에서 비롯된다. 그 기쁨과 행복은 보이는 것으로부터 말미암은 것보다 강하고 지속성과 확장성이 있다.

조직의 리더들에게 가장 핵심적인 일은 일터에서 헌신할 인재를 발굴하는 것이다. 조직의 발전과 성장이 인재들의 역량과 자질에 달려있기 때문이다. 그러나 인재 개발은 쉽지 않다. 학력이 뛰어나고 스펙이 화려한 젊은이들은 많이 있지만 진정한 일꾼 찾기는 어렵다. 오죽하면 성경에 양치는 목자 중에 참 목자와 거짓 목자가 있다고 기록되었을까. 참 목자는 일꾼이고 거짓 목자는 삯꾼이다. 삯꾼 목자는 양을 돌보는 본업에는 별 관심이 없다. 양을 돌봄으로 받는 대가에 집중한다. 돌봐야 할 양에게 위험이 닥치면 양을 먼저 살피기보다 자기 몸을 챙긴다. 그건 거짓 목자다. 삯꾼이다. 참 목자인 선한 목자는 양을 보호하고 안전하게 지키며 위험이 닥치면 자기의 생명을 아끼지 않고 양을 구한다. 어린 시절 양치는 목동으로 살았던 다윗 왕의 어린 시절 모습이 참 목자의 모습이다. 자기가 지키며 보살피는 양을 사자가 물어가면 끝까지 쫓아가 자기 목숨 개의치 않고 사자의 입에서 자신이 사랑하는 양을 꺼내오고야 마는 목자, 그가 참 목자요 일꾼이다.

조직의 지도자들이 찾는 인재는 당연히 삯꾼이 아닌 일꾼이다. 인권의 가치와 원칙을 삶의 현장에서 실현하려는 아동인권옹호가는 "단 한 명의 아동도 뒤처지게 놓아두지 않는다"는 명제를 매우 중요하게 생각한다. 자선에 기반한 접근과 인권에 기반한 접근의 차이를 볼 수 있는 부분이다. 100명의 주민이 사는 마을에 99명이 잘 먹고 사는데 한 사람이 먹지 못하고 굶고 있다면 자선에 기반한 접근에서는 99%가 달성된 성과에 만족하는 반면, 인권에 기반한 접근에서는 단 한 사람이라도 굶어서는 안 되기에 그 한 명을 먹이려 끝까지 100% 목표 달성을 위해 쉼 없이 헌신한다. 그 헌신의 과정을 중요시한다. 양 100마리를 기르는 목자가 한 마리 양을 잃었을 때 '99마리의 양이 안전하면 됐다'고 생각하지 않고, 길 잃은 한 마리의 양을 찾으려 온밤을 새워 산골짜기와 들판을 헤매다닌다면 그가 바로 참 목자고 일꾼이다. 단 한 명의 아동도 놓치지 않기 위해서는 아동인권옹호가들이 모두 삯꾼이 아닌 일꾼이어야 한다. 더욱이 아동 NGO 등 민간영역에서 일하는 종사자라면 더욱 그렇다.

높은 가치와 사명감을 지닌 젊은이들이 비영리·비정부 민간단체에 입사할 때는 열정이 넘친다. 그러나 그들이 높은 가치를 실현하는 현장에서 임금이나 복리후생 등 여러 가지 보상 조건에 대해 기업이나 다른 영리 기관과 비교하기 시작하면 초심을 잃어버리기 쉽다. 고상한 가치 실현보다는 인간이 누려야 할 기본 조건의 충족이 우선이라며 일하는 환경이나 조건이 더 나은 곳을 찾아 이직하게 된다. 임금 투쟁을 하고, 휴가 일수를 따지고 챙기는 일이 마음을 지배하게 되면 일꾼으로 사명 실현을 위해 들어왔다 해도 삯꾼의 모습으로 떠나게 된다.

NGO·NPO에서 일하는 사람들은 물질주의에 깊숙이 물든 경쟁 사회에서 살아남기 위해 분투하는 사람들과는 차원을 달리 하는 사람들이다. 물론 박봉이나 열악한 업무 환경이 사람의 높은 이상을 무너지게 할 수 있다. 그럼에도 다음과 같은 성찰과 자성을 매일 하면서 기쁨과 만족을 누리며 행복하게 사는 사람이 일꾼이 아닐까? '과연 나는 누구이며, 내가 이 땅에 보내진 목적은 무엇일까? 내가 이 땅에 사는 목적이 남들보다 더 잘 먹고 잘 입고 많이 누리며 사는 것일까? 아니면 내가 존엄하고 소중한 존재이듯이 남도, 나의 이웃도 소중하고 존엄하기에 서로 존중하고 나누면서 형제애를 가지고 행복한 세상을 만드는 것이 내가 세상에 태어나 사는 목적일까?'

　국민의 세금으로 운영되는 정부나 다양한 제품을 생산하여 그 이익으로 운영되는 기업 모두 삯꾼과 일꾼을 분별해 오래 함께 일할 진실한 인재 찾기에 급급하다. 하물며 높은 가치관을 실현하며 오롯이 옳은 일을 올바로 하기 위해 세상에 세워진 비영리·비정부 조직에서 진정한 일꾼 됨의 중요성은 아무리 강조해도 지나침이 없다. 경영의 대가 피터 드러커 박사는 비영리 조직이 만드는 귀중한 제품이 있다면 그것은 '변화된 인간'이라 말했다. 인간의 변화와 세상의 내적 성숙에 공헌하는 조직이 비정부·비영리조직이다. 세상 모든 사람이 인권 친화 환경이 조성된 사회에서 차별 없이 본연의 인간 존엄성을 존중받으며 이웃과 더불어 행복하게 사는 것이 인간답게 사는 모습이라 믿는다.

아동인권옹호 전문가로 산다는 것

1980년대 초반 국제 NGO 활동가들은 낙후된 농어촌 개발 사업에 총력을 기울였다. 농촌 주민의 적극적인 참여를 이끌면서 그들의 필요와 욕구가 충족되어 삶의 질이 향상되도록 지원하고 도왔다. 한국에 들어와서 지부를 설립하고 활동하는 외원단체들은 주민 교육을 워크숍 형태로 진행하는 새로운 교육방법으로 주민들에게 접근했다. 신기한 점은 외원단체 전문가들이 지시하거나 가르치지 않는 것 같은데 주민들이 배우며 쉽게 행동으로 옮긴다는 것이었다. 농어촌 주민들의 학력이나 경력 같은 것은 문제 되지 않았다. 비형식적으로 주민들이 모였고 자신들의 이야기를 솔직하게 말하고 다른 사람의 이야기를 들으며 함께 의논했다. 이러한 새로운 교육 방법에 '민주주의 참여식 교육 훈련'이란 이름이 붙었다. 이러한 교육 훈련 과정을 통해서 주민들은 그들이 사는 마을과 지역사회를 제대로 살펴보고 진단하는 안목을 키웠다. 자신들의 삶을 점검해 보는 기회이기도 했다.

주민들이 처음 주민회관에 모이기 시작할 때, 그들은 쑥스럽고 주눅이 든 모습이었다. 그러나 자기 목소리를 내는 것이 의미 있는 일이라 깨우치며 태도에 변화가 왔다. 자기의 생각을 표현하면 그 말이 들려지고 특별한 의미가 부여되며 재해석되는 과정을 지켜보면서 주민들은 자신감을 얻었다. 그들은 자기 삶의 질이 향상되려면 필요한 것이 무언지 찾아내기 시작했다. 자신들이 말로 표현한 욕구와 필요가 지역사회개발사업으로 만들어지고 자신들이 계획한 사업이 실현되도록 자발적으로 주민들이 참여하기 시작했다. 이들에게 불가능이란 없어 보였다. 사업 이행을 위해 필요한 자원과 재원을 찾아내고 부족한 부분은 전문가와 협의했다. 농어촌의 지역사회 개발 사업을 통해 주민들의 삶이 변화되고 발전되어 갔다.

당시 개발 사업을 함께 추진하던 조직의 사무총장이 미국 출장을 가게 되었다. 출국서류를 준비하던 그가 물었다. "직업란에 뭐라고 써야 하나?" 그는 한국 전쟁 직후 외국어 실력이 인정되어 외원단체 봉사회에서 구호물자를 배분하는 일을 하다가 구호와 개발 사업을 하는 NGO에 영입되었다. 한 직원이 "사무총장이라고 쓰면 되지 않나요?"라고 했다. 그러나 직업을 묻는데 직위를 쓰는 건 아닌 것 같다는 의견이 있었다. 의논 끝에 '사회사업가'(Social Worker)로 쓰기로 했다. 한국 사회는 서로를 소개할 때 무슨 일을 하는 사람인지 보다는 어떤 직위를 가진 사람인지 알리도록 명함이 만들어진다.

그 일이 있은 후, 나는 해외 출장을 다니면서 사람들과 교환하는 명함에 자기를 어떻게 소개하고 있는지 주의 깊게 살펴보게 되었다. 대부분은 기관명을 쓰고 직위를 쓴 다음 자기 이름을 썼다. 한번은 국제 아동 NGO에서 만난 미국인의 명함을 받았는데 기관 이름도 없이 단순하게 '아동 발달사'라 쓰고 그 밑에 자기 이름을 적었다. 아주 간단했다. 어떤 기관에서 일하는지 적지 않았다. 자기가 하는 일과 이름을 썼다. 간단히 '무슨 일을 하는 누구'라고 소개했다. 그는 자신을 아동과 아동의 발달 특성을 연구하며 전문적인 지식을 가지고 아동의 건전한 발달과 성장을 위해 일하는 전문가라고 소개했다.

'나는 어떻게 나를 소개해야 하나?' 가끔 나도 이 문제를 생각해 본다. 50여 년간 아동 NGO에서 일했다. 처음에는 한국 전쟁으로 인한 고아들을 해외 후원자들과 연결하여 돕는 일을 했다. 이어서 낙후된 농어촌 아동의 보건, 영양, 급식, 교육을 개선하는 다양한 사업을 개발하여 현장에서 실천했다. 지역사회개발 '사업조정관'이란 직함을 받았다. 대학교에서 아동인권에 기반한 아동복지, 사회복지, 사회 문제 등의 과목을 가르쳤다. NGO 활동가로서 산학협동 프로그램을 수행하기 위해 '겸임교수' 직함이 주어졌다. 유엔아동권리협약이 제정되어 채택된 후로 구체적으로 아동인권을 전하는 '아동인권교육 훈련가'라는 명칭과 함께 '아동인권교육 훈련 촉진자'(Facilitator)라 불리게 되었다. 내가 어떤 직함을 가지고 일을 하든 내가 평생 해 온 일의 중심에는 언제나 아동이 있었다. 다만 시간이 흐르고 사회가 변화되면서 아동에게 다가가는 접근법과 전략이 달라지고 개선되었다. 무슨 일을 해도 아동에게 유익하고 아동에게 최상의 이익이 되는 일을 하는 것이 나의 사명이라 생각한다.

현재 나는 아동인권옹호 전문가를 양성하는 아동인권교육 훈련가·퍼실리테이터로 일하고 있다. 100시간 과정을 통해 교육생들과 만나 함께 배우고 나누며 활동한다. 교육과정에서 우리는 아동, 아동기, 아동의 권리, 유엔아동권리협약을 심도 있게 배운 후에 아동인권옹호 선구자로 널리 알려진 사람들의 삶을 분석하고 연구하는 시간을 가진다. 그러한 과정을 지난 후 각자 자기 주변, 혹은 문헌을 통해서 인권옹호가라고 생각되는 사람을 찾아 '왜 그 사람을 인권옹호가로 거론하게 되었는지' 동기(Cause·Motive), 활동(Movement), 업적(Achievement) 등을 살펴 소개하는 시간을 갖는다.

가끔 자기가 찾은 아동인권옹호가로 필자의 이름을 적어오는 학생도 있다. 민망한 일이지만 그 일로 인해 '내가 과연 아동인권옹호가일까?'를 자문하며 깊이 성찰하는 시간을 갖는다. 나를 아동인권옹호가로 찾아온 학생은 그 동기와 이유로 기독교 가정에 태어난 나에게 도덕적 가치관이 삶에 내재 되었고 이웃 사랑과 작은 자에 대한 배려를 실천하기 때문이라고 썼다. 그리고 가정에서의 가치관이 내가 받은 인권기반의 학교 교육과 일터의 사명과 연결되어 높은 가치관과 철학의 균형 속에 삶의 현장에서 사명 실천을 하고 있다고 했다.

활동(Movement)으로는 해외원조 단체로 구호와 개발 사업을 수행하며 아동인권에 기반한 조직인 국제 아동 NGO에서 가장 작은 자들과 함께 일했고 그들의 삶에 변화를 주고자 노력했다는 점을 부각했다.

업적으로는 1919년에 최초로 세계아동권리 선언문을 작성하여 선포한 여성이 창설한 글로벌 아동 NGO에서 활동하며 유엔아동권리협약을 한국에서 최초로 접한 사람으로서 아동권리의 준거가 되는 협약을 알리고 교육하며 훈련하는 일을 사명으로 삼아 열정적으로 일하고 있다는 점을 꼽았다. 그리고 유엔아동권리협약을 세상에 알리고 전파하기 위해 교재를 개발하고 콘텐츠를 만들어 다양한 대상에게 아동인권교육 훈련을 진행하면서 아동인권교육 훈련 촉진자(Facilitator)의 역할을 지속적으로 수행하는 점을 들었다. 사실 나 자신도 잘 기억하지 못하는 나에 대한 자세한 내용을 담아 나를 아동인권옹호가로 소개했다.

얼마 전 한 일간지에 내 삶에 관한 이야기가 16회 연재된 적이 있는데 그 자료에서 정보를 모은 것 같았다. 모아온 정보가 모두 사실이라고 해도 나는 내가 아동인권옹호가로 호칭되기에는 턱없이 부족한 사람이라고 고백한다. 나는 아동인권옹호 전문가를 양성하는 교육 훈련가이고 퍼실리테이터다. 내가 태어난 배경이나 내가 교육받은 특별한 학교 교육에서 내재된 일관된 가치와 사명감이 나를 성실한 아동인권교육 훈련가로 일할 수 있게 이끌어준 것은 인정한다.

그러나 '아동인권옹호 전문가로 산다는 것'은 훈련가 혹은 퍼실리테이터로 사는 것과 다르다. 아동인권교육 훈련가는 아동에게 인권과 관련하여 생기는 모든 침해 사례가 발생하지 않도록 미리 알리고 깨우쳐서 예방할 수 있도록 준비시키는 것을 목적으로 삼고 일한다. 교육자료를 찾아 연구하고 실제 아동들에게 일어나는 침해 사례를 모아 분석한다. 어떤 지식을 습득하고 어떤 기술을 연마하면 아동에게 일어나면 안 되는 일들이 실제 일어나지 않도록 예방하고 방지할 수 있을지 연구하고 가르치는 직업이다. 교육 훈련가 역시 인권감수성이 민감해야 하지만 인권옹호가는 다른 사람들의 갑절의 민감성을 필요로 한다.

아동인권옹호가는 사람들이 미처 보지 못하는 문제, 특히 아동인권 침해와 관련된 문제를 꿰뚫어 볼 수 있는 통찰력과 예민한 민감성으로 인해 늘 불편해하며 의분이 일어나는 사람이다. 문제가 보이면 그걸 드러내어 목소리를 내야 하는 사람이다. 그리고 문제를 함께 풀어 갈 동료들을 모아 조직하고 행동으로 나가는 사람이다. 일단 문제가 보이면 그걸 풀고 해결할 때까지 무슨 일이든 하는 열정가다. 지식도 탁월해야 한다. 정부의 아동 정책도 파악하고 분석하여 정책이 아동에게 미칠 영향을 미리 감지할 수 있어야 한다. 아동과 아동인권에 대한 풍부한 지식, 지고한 가치관과 민감한 인권감수성, 그리고 이웃에 헌신하는 성품과 태도, 끈기, 열정, 담대함 등 많은 것을 갖춰야 한다. 아동인권옹호 전문가로 산다는 것은 매우 긴장감 넘치는 삶을 사는 것이다. 우리 주변에는 약자를 향한 무례함과 각종 폭력이 난무하고 편견과 고정관념에 의한 차별 또한 극심하다. 하루도 편할 날 없는 삶이 아동인권옹호 전문가의 삶이다. 언론을 통해 수없이 보도되는 다양한 아동인권 침해 사건 사고를 바라볼 때마다 죄책감을 느끼며 의무이행자의 책무성을 강하게 다짐하며 살아야 한다.

내가 일하는 작은 아동인권 NGO 사무실 냉장고에는 이런 글이 붙어 있다 '내가 낸 용기 있는 목소리가 우리의 일터를 바꿉니다.' 그렇다. 우리 사회에서 해서는 안 되는 일을 서슴없이 하는 사람이 보이면 우리는 용기 있게 목소리를 내야 한다. 그래야 우리 사회가 바뀐다. 목소리를 내려면 알아야 한다. 분별력이 있어야 한다. 아동이 누구이며 얼마나 존귀하고 존엄한 존재인지 알아야 한다. 힘을 도구로 함부로 약자를 대하는 어른을 보면 불편해하며 의분이 일어야 한다. "그것은 잘못된 일"이라고 크게 목소리를 낼 용기가 필요하다. 그래야 우리 아이들이 보호되고 존중받는다. 남의 일이라고, 남의 집 일이라고 무심히 지나치면 우리는 귀한 생명을 순식간에 놓치고 만다. 모두가 깨어있어야 하는 이유다.

나는 아동인권교육 훈련을 이끄는 교육 훈련가이며 촉진자다. 아동인권옹호가 되기 위해 반드시 알아야 할 것이 무언지 쉽게 설명하고 행동으로 옮기도록 이끄는 일이 나의 임무이고 사명이다. 나는 아동인권옹호 전문가 과정에서 함께 배우는 참가자들에게 아동인권옹호가가 되기 위해 자신의 전문직을 버리는 것이 아니라고 설명한다. 아동인권옹호가는 또 다른 직함이 아니다. 물론 아동인권옹호가를 자신의 전문직으로 택하여 일할 수 있다.

그러나 이미 자신의 전문직을 가지고 일하는 사람들이 아동인권옹호 전문가 과정에서 배우는 일은 매우 중요하다. 이들은 자기 전문직을 아동인권에 기반하여 실천에 옮기는 것이다. 법률가가 자신의 직업이라면 그 법과 관련된 일을 수행할 때 아동인권에 기반하여 실천에 옮기는 사람이 되는 것이다. 무슨 일을 하든 가장 작은 자인 아동을 중심에 두고 아동인권에 기반하여 일해 달라는 것이다. 교사는 교사로서, 사회복지사는 복지사로서, 언론인은 언론인으로서 각자의 전문직을 수행할 때 아동인권에 기반하여 일하면 된다.

아동인권옹호가는 직함이 아니다. 이 용어에는 '무엇을 하는 사람인가'가 아닌 '무엇을 어떻게 하는 사람인가'라는 의미가 담겨있다. 아동인권옹호가는 자신의 전문직을 아동인권에 기반해 실천하는 사람을 말한다. 중요한 것은 '무엇을'(What) 하느냐가 아니고 그 일을 '어떻게'(How) 하느냐다.

내가 만난 아동인권옹호가들

1) 천종호 판사

"정의는 사랑의 최소한이고 사랑은 정의의 최대한이다"(천종호)

"2020년 3월 21일 새벽에 훔친 렌터카로 경북 구미의 한 주유소를 털다 경찰서로 잡혀 온 13살 촉법소년들의 사건 사고가 이슈가 되었다. 이들이 사건 이틀 후에도 연거푸 똑같은 수법으로 렌터카를 훔쳐 사고를 냈고 전국 경찰서를 들락거렸다는 소식은 언론을 통해 전국으로 퍼져나갔다. 급기야는 3월 29일 자정을 넘긴 시각, 서울에서 렌터카를 훔쳐 타고 대전까지 질주하다 경찰의 추격을 받던 중학생들은 오토바이로 아르바이트 중이던 대학 신입생(18세)을 치어 숨지게 했다. 학교도, 부모도, 심지어 경찰도 막지 못한 이들의 범죄는 한 무고한 생명을 앗아가면서 비로소 잠시 멈췄다."(안혜리, 중앙일보 2020. 4. 16. '촉법 살인 비극은 그렇게 시작됐다'에서 인용)

이 사건은 엄청난 국민적 분노를 촉발시켰다. 대단히 큰 범죄임에도 아이들이 촉법소년인 만13세여서 적절한 처벌이 이루어지지 않았다며 청와대 게시판에 엄벌을 요구하는 청원이 올라간 지 2주 만에 93만 명이 동의하는 기록을 세웠다. 소년법 폐지가 강하게 제기되었다. 처벌 강화를 위한 법을 요청하며 촉법소년 연령을 낮춰야 한다는 주장이 거셌다. 반복되는 '촉법소년 논란'에 대한 자문을 요청받은 천종호 판사는 "촉법소년의 연령을 낮출 수는 있겠지만 그것이 문제 해결의 본질은 아니다"라고 잘라 말했다. 천종호 판사는 지난 8년간 소년 보호 사건을 처리하면서 위기 청소년들의 가족 공동체가 심하게 망가진 것을 뼈저리게 체험했다고 한다. 가족 공동체의 해체는 위기 청소년들로 하여금 경제적으로는 곤궁에 처하게 했고, 정신적 심리적으로는 패배감과 분노감에 지배되게 했으며, 윤리적으로는 법과 질서를 어지럽히고 자신과 타인을 존중하거나 배려하는 성품을 익히지 못하게 만들었다고 했다.

천 판사는 문제의 근원(Root Cause)을 본 것이다. 아동과 청소년들에게 집과 가족은 가장 기본적인 보호 체계다. 미국의 한 고등학교 교사 에린 그루웰이 '구제 불능'이라 낙인찍힌 학생들의 삶에 개입해 함께 배우고 살면서 그들이 변해가는 모습을 쓴 책『프리덤 라이터스 다이어리』에 쓰인 한 아이의 일기 내용이 생각난다. 익명으로 발표된 아이의 일기는 이렇게 시작된다.

"방과 후 버스를 기다리다가 갱단 흉내를 내고 다니는 아이들과 부딪쳤다. 아무 이유 없이 욕을 하는 건 참을 수 있는데 덩치가 크다고 남을 만만하게 보는 건 참을 수 없었다. 작다고 깔봐서는 안 된다는 걸 보여주어야 했다. 상대가 넘어져 정신을 잃을 때까지 때리고 발로 찼다. 나는 경찰에 붙들려 갔다. 경찰이 부모님께 전화해 나를 데려가라고 하려 했으나 집에는 아무도 없었다. 경찰은 내게 '데리러 올 다른 사람이 있냐'고 물었다. 그럴 사람은 아무도 없다. 경찰은 교감에게 '소년원으로 데리고 갈까요?' 하고 물었다. 교감이 말했다. '부모가 집에 없으니 그게 최선의 방법 같군요.' 철장 안에 갇히기는 그때가 처음이었다. 첫날밤이 제일 무서웠다. 나는 그날 밤새 울었다. 갇힌 지 사흘째 되던 날 부모님과 겨우 연락이 닿았다. 소년원에서 닷새라는 길고 끔찍한 시간을 보냈다."

국가마다 아동과 청소년의 인권을 보호하기 위한 최소한의 법률이 만들어지고 시행된다. 한국에도 법에 저촉된 소년들에 대한 법체계가 만들어져 있다. 특히 비행에 연루된 청소년을 위해 만들어진 소년법 제32조는 '보호처분의 결정'에 대한 내용을 담고 있다. 소년법 제32조 제1항 1조는 보호자 또는 보호자를 대신하여 소년을 보호할 수 있는 자에게 감호위탁 보호 명령을 받게 되면 가정으로 복귀하게 된다. 미국이나 한국이나 같은 보호처분 제도가 있음을 알 수 있다. 그러나 가정의 양육 환경이 든든하지 않거나 또다시 비행에 연루될 가능성이 커서 돌아갈 가정이 없는 청소년들을 위한 대책이 필요하다. 아동의 인권을 보호하고 실현하기 위해서는 의무이행자들의 적절한 대처가 필수다.

2010년 11월, 청소년들에게 '호통 판사'로 알려진 천종호 판사는 대한민국 최초로 창원에 보호처분을 받은 청소년들을 위한 '대안 가정'을 만들었다. 보호소년들은 대안 가정에서 6개월~ 1년 동안 따뜻한 가정환경을 경험, 비행에서 벗어나 학업으로 복귀하거나 자립을 준비하게 된다. 비행 청소년들을 위한 대안 가정은 2016년 5월 청소년복지지원법개정안이 통과되면서 같은 법 제31조 4호에 '청소년회복지원시설: 소년법 제32조 제1항 제1호에 따른 감호위탁 처분을 받은 청소년에 대해 보호자를 대신하여 그 청소년을 보호할 수 있는 자가 상담, 주거, 학업, 자립 등 서비스를 제공하는 시설'로 규정되면서 청소년복지시설의 종류에 포함되었다. 법이라는 냉엄한 잣대로 청소년들이 저지른 법에 저촉된 행위를 판결하는데 그치지 않고 청소년의 입장에서 그들의 가정과 주변 환경을 고려하고 배려하면서 청소년들의 실수를 바로잡아주는 법조계 어른이 존재한다는 사실에 위로가 된다.

천 판사는 그의 저서 『천종호 판사의 선, 정의, 법』에서 "약자에게 사랑을 실천하는 사회, 인간의 존엄성을 지키는 사회, 공동선을 회복하는 사회는 선의 영역이 정의와 법과 올바른 관계를 맺을 때 비로소 가능하다"고 주장한다. 천종호 판사는 선과 정의를 알기 위해서는 정치 철학적 지식뿐만 아니라 선과 덕을 연구하는 윤리학과 신학의 기초지식이 반드시 요청된다는 것을 깨닫고 전체 학문을 동시에 바라보는 '통섭적 관점' 없이는 선과 정의와 법에 관한 일관성 있는 견해를 가질 수도, 이해할 수 없다고 말한다. 그는 '법의 목적이 정의'라고 하지만 대학교에서 법학을 전공하는 동안 정의를 배운 적이 없다며 왜 법학에서 정의와 선에 관한 문제를 가르치지 않는지 의문을 제기한다.

'법이 정의가 되고 정의가 선이 되는 공동체'를 꿈꾸는 천 판사는 열악한 환경에서 힘겨운 삶을 살아가는 청소년들에게 엄격한 호통판사이자 동시에 자애로운 아버지 역할을 해주는 이로 널리 알려져 있다. 감호위탁 보호 명령을 받았지만 마땅히 돌아갈 가정이 없는 딱한 청소년들에 대해 재범 가능성을 선제적으로 차단해야 하는 대처가 불가피한 상황에서 천 판사는 한국 최초로 그들을 위한 대안가정을 만들어 보호하는 일을 시작했다. 그는 그것을 사적인 자선사업이 아니라 지속성을 유지하며 청소년들이 안전하게 사회통합을 이루어 갈 수 있도록 복지적 법적 대안을 마련, 비행 청소년들을 위한 대안 가정이 청소년 복지 시설의 일환으로 자리매김하는데 기여했다. 이런 여러 측면에서 천종호 판사는 내가 만난 대한민국의 아동인권옹호가이다.

2) 조혜순 사회복지사

2021년 7월, 나는 서울 안국동에 있는 미혼모 지원단체 회원들과 아동인권옹호가 전문과정 워크숍을 진행하고 있었다. 몹시 더운 날이었다. 쉬는 시간에 교육팀장이 그동안 천안에서 아동인권옹호가 교육 훈련과정을 받고자 연락해온 팀이 오늘 안국동에서 나를 직접 만나 아동인권교육 훈련과정에 대해 상의하고 싶어 한다고 전했다. 종일반 워크숍을 진행 중이라 점심시간을 이용해 근처 카페로 갔다. 천안에서 조혜순 관장과 3명의 간부직원이 함께 왔다. 인권을 가르치는 여러 기관들 가운데 어떻게 우리 기관을 찾아 서울까지 오게 되었는지 물었다. 궁금증도 풀고 중요한 정보도 얻기 위해서였다. 조 관장은 나를 알고 있었다고 했다. 내가 국제 아동 NGO에서 오래 일한 사람으로 누구보다 먼저 아동인권을 체화하고 전파하는 인물로 알고 있다고 했다. 그 말을 들으니 나도 조 관장이 어디선가 만났거나 함께 일한 적이 있는 듯 낯이 익기도 했다. 그러나 우리가 과거에 어떤 인연으로 만났었는지를 기억해 내는 건 중요한 사안이 아니었다. 중요한 건 조 관장이 서울까지 올라와 아동인권교육 훈련을 우리 기관에 요청하게 된 배경과 목적이다. 일단 우리의 교육 일정에 맞아야 훈련을 받는 것이 가능하기에 서둘러 논의를 진행했다.

조 관장에 따르면 2021년 3월, 천안시에 '천안 어린이 꿈 누리터'란 이름으로 어린이회관이 개관했다. 아동인권 친화적인 시설로 운영되어야 한다는 것이 위탁 조건이어서 사업계획을 작성할 때부터 아동권리에 기반한 조직과 운영을 설계했다. 그러나 어린이 꿈 누리터를 세운 천안시도, 그것을 운영하기 위해 새롭게 꾸려진 사업운영법인의 직원들도 모두 아동인권에 대해 교육받거나 훈련된 상태가 아니었다. 가능한 한 빨리 아동인권교육 훈련을 받고 아동인권의 개념과 지식 정보를 잘 배워 현장에 적용하는 것이 급선무였다. 천안시가 어린이 꿈 누리터 운영을 국내 NGO에 맡겼고 조 관장이 수장이 되었다. 어린이 꿈 누리터를 이끌게 된 조 관장은 무엇보다 먼저 아동인권에 기반한 시설 운영이 시급하다는 결론을 내리고 교육을 받을 수 있는 적절한 기관을 찾다가 국제아동인권센터를 찾게 되었다고 했다.

그는 올해 안에 기본과정과 심화 과정을 수료하는 것이 목표라며 가능 여부를 물었다. 우리 기관에 교육을 요청하게 된 배경과 현 상태, 추구하는 목적과 목표를 상세히 듣고 일단 교육을 진행하는 것으로 결정했다. 문제는 일정을 맞추는 것이었다. 이미 하반기 교육훈련 프로그램 계획이 빠듯이 짜여 있어 올해 안에 천안에 내려가 워크숍을 진행하는 일이 쉽지 않은 상황이었다. 7월 마지막 날, 인트리 회원 대상 교육이 끝났다. 8월은 짧은 여름휴가와 함께 하반기 교육 훈련을 준비하는 기간이다. 9월부터는 아동인권교육 훈련 사업과 컨설팅 사업이 함께 계획되어 있었다. 하지만 올해 안에 천안 꿈 누리터 종사자를 위한 교육 훈련 기본 심화 30시간이 진행돼야 했다. 약속은 반드시 지키는 것이 인권을 말하는 사람의 기본이다.

11월 마지막 날, 우리는 약속을 지키기 위해 새벽녘에 서둘러 천안행 고속버스에 올랐다. 2명의 촉진자로 꾸려진 강사진은 천안을 오가며 아동인권교육 훈련 워크숍을 진행했다. 종일반 총 5회기 30시간의 천안 어린이 꿈 누리터 직원만을 대상으로 한 아동인권교육 훈련 기본·심화 과정을 11월 말에 시작해 12월 16일에 종료할 수 있었다. 천안 어린이 꿈 누리터의 전문직 종사자는 총 19명으로 평일에 6시간씩 진행되는 종일반 교육 훈련 워크숍이기에 관장을 포함한 총 10명의 직원이 먼저 기본·심화 과정을 수료했다. 남은 직원은 아동인권교육 워크숍이 진행되는 시간에 현장 업무를 수행해야 했다.

일은 사람이 하는 것이다. 한 조직에서 일하는 요원들이 어떤 가치관을 가졌고, 얼마나 투철한 사명감으로 무장되었으며, 어떤 비전을 지녔는지는 매우 중요하다. 한 조직이나 시설이 운영될 때 종사자들의 가치관과 사명, 그리고 비전에 따라 종사자가 일꾼인지 삯꾼인지 구분이 된다. 특히 아동과 함께하는 일터에서 아동을 위해 아동과 더불어 일하게 될 때 일하는 사람의 마음가짐과 일하는 자세, 태도는 절대적으로 중요하다. 한 생명을 살리는 일과 관련되기 때문이다. 그러나 무엇보다 중요한 것은 기관을 이끄는 리더의 지도력이다. 리더의 가장 중요한 요소 역시 그가 표방하는 가치와 사명, 그리고 비전이라 할 수 있다.

천안에서 아동인권교육 훈련을 맡아 진행하면서 나는 새벽부터 준비하고 고속버스로 왕복하면서 단 한 번도 힘들다고 생각한 적이 없다. 늘 만남이 기대되고 즐거웠다. 천안에 가면 밝은 표정으로 친절하게 맞아주는 조혜순 관장이 준비된 자세로 기다려 주었기 때문이다. 그는 우리가 도착하면 반갑게 맞아주면서 "오늘 교육도 기대가 된다"고 말했다. 현장에서 일하면서 지난 시간에 배운 것이 기억나 큰 도움이 되었다고도 했다. 교육 훈련을 이끄는 사람에게 제일 기쁘고 보람 있는 시간은 그들이 받은 교육 훈련에 대한 사려 깊은 피드백을 받을 때다. 사람의 변화, 사업 현장의 변화를 목적으로 진행하는 교육 훈련이기에 현장에서 변화를 볼 수 있게 되었다는 것보다 보람 있고 힘이 되는 피드백은 없다.

천안에서 30시간 교육 훈련과정을 함께하면서 만난 조혜순 관장은 특별했다. 일하는 태도가 남달랐다. 직원들 앞에서 늘 솔선수범했다. 천안 어린이 꿈 누리터는 천안시 아동뿐 아니라 주변의 다른 도시에 사는 모든 아동이 마음껏 이용하고 즐기도록 천안시가 정성껏 마련해 준 큰 선물이었다. 물리적 환경과 각종 시설 모두 흠잡을 데 없이 치밀하게 기획되었고 안전조치도 잘 되어있다. 최신 디지털 시스템으로 시청각 시설이 완벽하게 갖춰져 있다. 아동의 놀 권리를 보장하는 '놀 권리 특화 시설'로 인권에 기반한 놀이와 학습이 체험을 통해 이루어지도록 물리적 공간과 각종 시설이 완비되어 있다. 조 관장을 비롯한 직원들은 수많은 아동이 방문하여 놀고 즐기는 꿈 누리터로의 기능에 걸림돌이 없도록 세심한 주의를 하고 있다.

아동이 어떤 불편함도 느끼지 않도록 봉사자들이 친절하게 안내하고 아동을 환영하며 정성을 다하는 모습이 보기에 좋았다. 심지어 교육 훈련 워크숍을 진행하기 위해 방문한 우리 같은 외부인들에게조차 마주칠 때마다 허리 굽혀 인사하며 예의를 갖추는 모습에 미안한 마음이 들었다. 이러한 친절한 문화는 시설을 이끌어 가는 기관장의 겸허함과 자신을 낮춘 모습으로부터 시작된 것이라고 생각되었다. 천안시 어린이 꿈 누리터의 친절 문화는 자연스럽게 아동인권 존중 문화로 발전되어 가리라 믿었다. 천안시 꿈 누리터의 이용 아동 연인원은 6만여 명이라 한다. 천안에서 조 관장과 중책을 맡은 꿈 누리터 종사자들과 함께 30시간 워크숍 활동을 하면서 나는 천안시가 이런 일꾼들을 만난 것은 행운이라 생각했다. 특히 조 관장은 오랜 기간 훈련된 리더의 자질과 역량을 보여줬다.

조 관장은 대학에서 사회복지를 전공한 사회복지사다. 그는 대학원에서 사회사업 석사학위를 받은 후 박사과정을 수료한 사회복지 전문가다. 국제 아동 NGO인 월드비전(World Vision)에서 20여 년간 다양한 영역을 섭렵하며 훈련받고 준비된 일꾼이고 리더다. 조 관장의 일하는 자세가 예사롭지 않았던 것은 월드비전이라는 국제 아동 NGO에서 투철한 사명감과 비전을 실천해온 경륜과 오랜 기간 현장에서 훈련하며 쌓은 경험이 있었기 때문이다. 그로 인해 그는 오늘 이 사회의 변화 인자로 자리 잡은 지도자가 되었다. 그는 월드비전에서 20년 일한 후, 장애 전문 어린이집 원장으로 10년을 더 헌신했다. 작은 자 중에서 가장 작은 자인 장애를 가진 영유아기 아동을 위한 10년의 헌신 과정을 거치자 조 관장에게 더 크고 확장된 섬김의 문이 열렸다.

천안시 어린이 꿈 누리터는 모든 아동에게 열린 놀이터다. 어떤 아동도 차별이나 편견 없이 찾아와서 놀고 다양한 놀이를 경험할 수 있다. 아동 최상의 이익이 보호, 실현, 존중되는 문화를 경험할 수 있는 곳이다. 조혜순 관장은 아동을 위해 아동과 함께하는 일터에서 내가 만난 아동인권옹호 전문가다.

그동안 나는 사람들에게 아동인권옹호가를 쉽게 이해할 수 있도록 비록 직접 만나거나 본 적은 없으나 세계적으로 잘 알려진 옹호가들을 찾아 소개하곤 했다. 그간의 교육훈련 과정에서 내가 소개한 인권옹호가들은 문헌이나 영상, 전기를 통해서나 만날 수 있는 저명한 사람들이었다. 이제 나는 내 주변에서 아동인권옹호가를 찾기로 마음먹었다. 우리 사회 구성원 모두가 아동인권옹호가로 거듭나지 않으면 매일 여기저기에서 일어나는 아동인권 침해 사건을 미리 막아낼 수 없다고 결론 내렸기 때문이다. 내가 만나는 모든 사람을 살피며 그들에게서 아동인권옹호가의 자질을 발견해 그들을 아동인권옹호가로 부르며 함께 노력하는 것이 이제부터 내 일이 되고 내 사명이 되길 소망한다. 조혜순 관장은 오늘도 겸손한 자세로, 그러나 단호하게 함께 일하는 직원들을 이끌며 쉼 없이 당부한다. "한 아이를 소중히 여기며 한 아동을 위한 전인적 사역(Wholistic Approach)을 실천합시다! 천안 어린이 꿈 누리터는 아동이 주도하고 아동이 중심이 되는 아동과 함께 만들어가는 꿈 터입니다. 매일 생각과 행동을 성찰하면서 사업과 활동이 아동의 관점에서 출발했는지, 아동의 생각이 반영되었는지, 아동권리프로그래밍(Child Rights Programming)을 하고 있는지 살피고 점검합시다. 배우고 변하지 않으면 전문성 유지가 어렵습니다. 우리는 계속 배우고 변해야 합니다. 아동의 권리를 보호, 존중 실현하는 것이 우리 의무이행자의 책무임을 잊지 말아야 합니다."

3) 이주연 목사

2005년 어느 날 새벽에 나는 이름 모를 곳에서 들어온 전자 서신을 받았다. '산마루 서신'이란 이름의 글은 짧고 단순했다. 아름답고 신선했다. 잘 다듬어진 문장은 힘이 있었다. 누가 이런 감동의 글을 보내주었을까? 나보다 먼저 서신을 받게 된 남동생이 전달해 준 글임을 나중에 알게 되었다. 나도 서신 내용에 감동되어 친구들에게 보내고 추천했다. 내가 첫 번째 서신을 받은 날부터 오늘까지 18년 동안 하루도 빠짐없이 매일 새벽에 서신을 받았다.

일반적으로 서신이란 특정 대상과 일대일로 소통하는 글이다. 그런데 이 산마루 서신은 세상의 모든 사람을 향해 메시지를 전한다. 나이나 성별에 구별이 없다. 신앙의 여부를 묻지 않는다. 직장인이든 학생이든 상관없이 누구나 신청하면 받아볼 수 있는 서신이다. 이런 서신이 있는 줄도 몰랐던 나는 매일 새벽 귀한 내용이 담긴 서신을 받으니 참 기뻤고 큰 힘이 되었다. 산마루 새벽 서신은 하루를 차분하게 시작하도록 도움을 주었다. 인터넷 시대를 사는 덕에 해외 출장 중에도 내가 머무는 곳으로 산마루 서신은 어김없이 배달됐다. 하루의 일과를 산마루 서신으로 시작한지 어느덧 18년이 되었다. 서신 지기께 큰 은혜를 입었다.

어느 날, 산마루 서신을 통해 음악회 초청을 받았다. 음악회 장소도, 음악회 목적도 마음을 끌었다. 음악회가 열리는 장소는 대한성공회 서울 주교좌 교회였다. '노숙인 목욕 시설' 마련을 위한 음악회라 했다. 수준 높은 교회음악으로 음악회가 진행되었다. 특이한 것은 '수혜자'라 불리는 노숙인 형제자매들이 주인공이 되어 합창단에 섞여 함께 노래하는 모습이었다. 명목상의 참여가 아니었다. 장식처럼 서 있는 참여도 물론 아니었다. 그날 음악회는 우리 사회에서 흔히 볼 수 있는 불우이웃돕기 행사가 아니었다. 전문 성악가들과 다양한 악기 연주자들, 오랜 세월 교회 성가대에서 훈련된 합창단원들, 그리고 노숙인 형제자매들이 카리스마 넘치는 여성 지휘자의 지휘봉에 따라 화음을 만들어갔다. 다양한 모습의 합창단원과 오케스트라 연주자들이 노숙인 형제자매들과 함께 만들어가는 소리에는 아름다운 화음을 넘어서는 뭔가가 더있었다. 감동 그 자체였다. 18년 전 나에게 산마루 서신을 보내준 남동생 내외와 여동생과 함께 음악회를 맘껏 즐기며 감동의 시간을 누렸다.

산마루에서 오는 서신은 내가 슬플 때 위로가 되었다. 일터에서 지치고 힘든 순간들을 지혜롭게 넘어서게 하는 힘을 주었다. 앞이 막막할 때 나갈 길을 비춰 주었다. 매일 새벽 나는 서신을 받고 묵상한 후 하루의 일과를 시작했다. 어느 날인가 내가 아동인권옹호 전문가를 위한 워크숍을 진행하며 교육생들에게 사고의 전환을 이끌 만한 적절한 자료를 찾고 있을 때 산마루에서 온 서신이 큰 도움이 된 적이 있었다. 교육 참가자들이 어려운 개념을 쉽고 명확하게 이해하여 삶의 현장에서 적용할 수 있도록 길을 열어준 글이었다.

2013년 9월 10일 새벽에 내가 받은 산마루 서신의 제목은 '성공의 배후 원동력'으로 다음과 같은 내용이다.

"성공적인 삶을 산 사람들의 이야기를 들어보면 큰 감동을 받을 때가 많습니다. 그런데 그 이면에 움직이고 있는 원리는 의외로 간단합니다. 그중 공통적인 점은 우선 가치 있는 일에 뜻을 두고 있다는 것입니다. 왜냐하면 그래야 열정이 생기기 때문입니다. 자신이 하는 일이 가치 있는 것이 되지 못하면 자부심이나 떳떳함이 생기지 않기에 열정이 일어나지 않습니다. 그리고 가치 있는 일에 뜻을 두고 열정을 불태우면 주변에서 많은 협조자들이 나타납니다."

내가 진행하는 워크숍은 아동인권옹호 전문가가 되기를 원하는 다양한 직종의 사람들이 모여 함께 배우는 장이다. 이들에게 자신이 어떤 가치를 가지고 일하는지 성찰해보는 과정은 매우 중요하기에 산마루 서신의 전문을 교육생들에게 소개하고, 자신의 가치관을 성찰해보면서 우리 교육 내용 속으로 한 단계 깊이 들어가도록 이끌었다. 산마루 서신은 우리 교육 워크숍이 인권에 관한 지식 습득에 머물지 않고 그 지식이 실천으로 가도록 돕는 과정을 더 수월하게 했다. 인권옹호 활동은 나를 위해서 하는 일이 아니다. 타인을 위한 일이며 반드시 변화를 담보로 계획하는 활동이다. 한 개인의 변화로 시작해서 그가 속한 그룹이나 공동체가 변하며 그 변화는 한 사회의 변화를 가져온다. 지식을 얻었다고 반드시 행동의 변화가 일어나지 않는다. 지식을 통해 깨우쳤다면 그 깨우침이 마음으로 느껴지고 그 마음이 행동으로 옮겨지는 과정을 거쳐야 한다. 이러한 과정이 자연스럽게 이루어질 수 있도록 수준 높은 철학과 가치가 내포된 글이나 이야기, 영화나 애니메이션 등 다양한 장르의 작품을 활용하여 워크숍을 구성한다. 우리는 이것을 '훈련과정'이라 부른다.

산마루 지기는 2013년 9월 10일 서신에서 "위대한 사람들이 성공한 이면에는 반드시 뭔가가 있다"고 운을 떼면서 글을 전개했다. 그들은 빛나는 가치를 지니고 있었다. 그들이 가진 가치가 지고하여 열정을 불러일으켰고 많은 사람이 따르게 되었다. 그 가치는 이웃의 생명을 살리는 일, 가장 작은 자를 향한 사랑과 헌신, 정의와 평등, 비차별과 근면, 인내 등 변화를 위한 높고 귀한 가치들이다. 이런 가치는 수많은 사람의 지지와 신뢰를 이끌어 함께 연대하여 가치관을 실천하는 자리로 간다. 마틴 루터 킹, 링컨, 넬슨 만델라, 간디, 슈바이처, 테레사 등이 지닌 가치관이다. 그래서 사람들은 이들을 성인이라 불렀다. 나는 이들을 인권옹호가라 부르고 싶다. 호칭이 무엇이든 이들은 자신이 지닌 가치를 실현하기 위해 열정적으로 헌신하고 큰 뜻과 사랑을 이루기 위해 자기를 희생하는 일에 주저하지 않았다. 이러한 사람들의 헌신과 희생이 조금씩 세상을 살기 좋은 곳으로 바꿨다. 산마루 지기인 이주연 목사와는 18년 전 산마루 서신을 통해 맺어진 인연이 오늘까지 이어지고 있다.

2021년 한 해는 나에게 무척이나 버거운 해였다. 가정적으로 감당이 어려운 일을 당했다. 나의 소명의 일터이며 사명의 실천 장인 작은 아동 NGO는 코로나19 팬데믹의 영향으로 고전했다. 다행히 어려운 중에도 조직의 일꾼들이 한마음으로 애쓰고 수고한 덕분에 서서히 회복의 단계로 들어서고 있다. 지난 일 년 동안 나는 정신없이 일했다. 몸과 마음과 영이 쉼을 원했다. 이주연 목사는 2019년에 평창 대화면 해발 700m 고지에 산마루 공동체를 조성, 노숙인 형제들과 농사일과 영성 훈련을 하고 있다. 그는 내게 "눈 많이 올 때 평창에 한 번 오라"고 하셨다. 농사철에는 농사일로 바쁘고, 추수 계절에는 가을걷이로 바쁘니 눈 오는 계절에 오라 하신 것 같았다.

나는 교육 일정이 없는 2022년 1월 마지막 주에 평창으로 가는 기차를 탔다. 평창역에 내려 차로 30분 달려 깊은 산골짜기로 들어갔다. 해발 700미터 되는 산골짜기에 세워진 산마루 공동체는 5만 평이라는 넓은 골짜기에 영성 수련을 위한 각종 시설이 조성되는 중이었다. 한겨울인데도 '항아리 골'이란 별칭답게 산골짜기가 아늑하고 포근했다. 둘러쳐진 모든 산 정상은 눈으로 덮여 있었다. 맑고 신선한 공기와 바람에 나도 모르게 저절로 한껏 심호흡을 하게 됐다. 이 목사는 "한 순간만이라도 욕심을 버리고 세상을 넘어서야 산천의 아름다움과 바람을 느낄 수 있다"고 하셨다. 모든 것을 내려놓고 산천을 둘러보니 오래전 산마루 영성 훈련 때 배운 깊은 숨이 저절로 열리면서 편안해졌다. 신기했다. 찬란한 햇빛이 얼굴을 비추며 온몸으로 파고들었다. 겨울철 눈부신 햇살을 얼굴 가득 받아본 적이 언제였던가?

산마루 지기인 이주연 목사는 마포구 공덕동에 세운 산마루교회에서 영성 사역, 영성 운동, 영성 훈련을 기반으로 목회했다. 교회에서 사역하던 중 노숙인들을 만나면서 노숙인 형제들을 품게 되었다. 그때부터 산마루교회는 노숙인 형제자매들과 함께 예배드리는 교회가 되었다. 노숙인과 함께 예배드리고 함께 식사하는 사랑의 공동체를 이루면서 그들의 자활과 자립을 위해 다양한 사역을 시작했다. 서울 청와대 뒷산 백악 산마루에 '사랑의 농장'을 운영하며 작은 토담집을 고쳐 영성 훈련장으로 삼았다. 그 후 포천에 '해맞이 공동체'도 만들어 7년간 노숙인 사역에 힘을 다했다. 그러나 7년 만에 노숙인 사역에 대한 큰 깨달음을 얻으며 사랑의 농장 문을 닫았다.

노숙인들만의 공동체 운동은 실패로 끝났다. 노숙인 형제들만 모여서는 결국 다 과거의 생활 습관으로 돌아가 버린다는 사실을 경험적으로 알게 되었다. 노숙인 사역을 위한 건강한 공동체를 위해서는 어떻게 공동체를 구성해야 할지 많은 생각과 고민, 연구를 거듭한 후 내린 결론은 3:3:4 비율로 공동체를 구성해야 한다는 것이었다. 노숙인 30%, 청년 30%, 일반인(성도) 40%의 비율로 공동체를 구성하고 그 중심에 프랑스 떼제 공동체처럼 청빈한 삶을 고백하고 공동체에 헌신하며 개인적인 소유를 갖지 않는 수도자적 삶을 사는 사역자들이 동참함으로써 노숙인 형제들의 영적 중심을 잡아 준다는 것이다.

이 목사의 노숙인 사역에는 남다른 점이 있다. 이 사회의 작은 자인 노숙인을 자선적 차원에서 돕는 사역만을 펼치지 않는다는 것이다. 노숙인 형제들의 필요를 잘 알고, 그 필요를 충족시킬 목적으로 사역하는 것으로 그치는 것도 아니다. 이 목사의 노숙인 사역은 인권에 기반한 사역이며 그들의 영적 중심을 잡아 주는 높은 차원으로 접근하고 있다는 데 특색이 있다. 이 목사의 노숙인 형제 사역은 무엇보다 먼저 그들의 의식주 문제가 해결될 수 있도록 하는데 일단 공동체에 들어오면 의식주 문제는 해결된다.

그러나 인간의 문제는 집이나 빵만으론 해결되지 않는다. 평창 산마루 공동체에 들어오는 사람들은 노숙인이나 청년, 일반인, 남녀 가릴 것 없이 누구나 모두 자기가 감당할 만큼의 일을 한다. 공동체 구성원 모두 일정한 노동을 한다. 노동의 구분도 없다. 농사철에는 함께 농사일을 한다. 일할 수 있을 만큼, 건강이 허락하는 만큼 모두 함께 일한다. 일종의 '치유농업'을 하고 있다. 공기 맑고 물 맑은 곳에서 일하고 배우며 쉬면서 몸과 마음, 영혼의 건강을 치유하고 회복하는 것이다. 공동체에 들어오면 누구나 영성 훈련을 받는다. 몸과 마음과 영이 훈련 받고 안식을 누리는 곳이 평창 산마루 공동체다.

공동체는 평창 대화면 개수리의 '항아리 골'이라는 산골짜기에 5만 평의 부지를 확보, 그곳에 생활관 등 다목적 수련 시설을 조성하는 중이다. 현재로는 10평 규모의 작은 기도실과 목사관, 숙소로 쓰이는 방 5개의 2층 목조건물, 6동의 비닐하우스가 있다. 최근 비닐하우스에서 산마루 작은 음악회가 열리기도 했다. 아직 생활 시설이 충분히 준비되지 않아서 대부분 노숙인 형제들은 정부가 지원하는 프로그램을 이용, 시내에 마련된 따뜻한 거주지에서 겨울을 지낸다. 치유농업이 시작되는 봄이 되면 노숙인 형제들은 평창 산마루 골에 와서 노동하고 영성 훈련을 하며 안식을 누리는 공동체 생활을 계속할 것이다.

한 생명이 치유되고 회복되는 데는 많은 시간이 걸린다. 사랑과 인내와 기다림 없이는 변화를 기대할 수 없다. 내가 머문 2박 3일 동안 산마루 공동체 구성원 비율은 3:2:2였다. 일반인 3명, 청년 2명, 노숙인 형제 2명, 그리고 산마루 지기 이주연 목사가 함께했다. 8명이 작은 공동체를 이루어 함께 훈련했다. 공동체 식사는 침묵 식사로 조용히 감사하는 마음으로 천천히 먹는다. 새벽과 저녁 영성 훈련 시간에는 순수하고 단순하며 솔직한 자기 고백과 결단의 시간을 가지며 서로를 이해·수용·격려하는 대화의 시간으로 진행된다. 2박 3일의 여정은 너무나 짧게 느껴졌다. 몸과 마음과 영의 쉼을 갈망했기에 안식을 누릴 수 있던 3일간이 너무나 귀했다. 산마루 지기의 따뜻한 환대와 가르침을 받고 아쉬움 가득 안은 채 평창 골짜기에서 내려왔다. 서울로 가는 기차에서 내가 그토록 찾던 인권옹호가 한 분을 평창 골짜기에서 만났다는 생각이 문득 들었다.

이주연 목사, 그는 목사이고 영성 훈련가다. 동시에 종교와 상관없이 우리에게 귀감이 되는 인권옹호가다. 그분이 지닌 지고한 가치관이 소리 없이, 아주 조용하게 이 사회의 밝은 변화를 견인해 가는 듯하다.

4) 사토자키 소타로 케이스워커

TV에서는 오늘도 어린이가 학대로 죽었다는 참혹한 뉴스가 나온다. 그리고 그 어린이의 이웃에 사는 주민들이 인터뷰에서 이렇게 말한다. "항상 소리 지르고 때리고 울리더라고요. 정말 불쌍했어요. 그렇게 끔찍한 일을 하다니 지독한 부모네요." 사토자키는 마음속으로 중얼거렸다. '위선자들. 당신들도 공범이잖아. 어린이가 학대당하는 걸 알고 있었으면서 익명으로 전화하는 것조차 하지 않았잖아. 당신들은 그 어린이를 죽게 내버려 둔 거나 마찬가지야. 살려달라고 온 힘을 다해 울던 어린이를…'

『나는 아동학대에서 아이를 구하는 케이스워커입니다』 중에서

2020년 12월, 한 해를 마무리하던 무렵 나는 책 한 권을 선물 받았다. 선물 받은 책 제목을 읽으면서 절대 내 돈 주고 사서 볼 책이 아니라는 생각을 했다. 일단 『나는 아동학대에서 아이를 구하는 케이스워커입니다』라는 책 제목이 너무 길고 상투적이었다. 전에 책 출간을 준비하며 자문 받은 적이 있는데 일단 책 제목은 길면 안 된다는 것이었다. 그런데 이 책의 제목은 22자나 된다. 게다가 요즘 한국에서는 누구나 아동학대라는 말을 너무 자주 접하다 보니 이 용어는 매우 중요한 단어임에도 한국 성인들을 불편하게 하는 상투적인 말로 변해버린 것 같다.

그러나 나는 이 책을 읽어야 했다. 책을 선물한 사람의 정성 때문

이었다. 친구도 가족도 아닌 사람에게서 예기치 않은 선물로 받은 책이다. 나는 그를 신 선생님이라 불렀다. 2020년 코로나로 인해 우리 교육사업도 치명타를 맞고 있던 때에 '아동인권옹호 전문가 양성 과정'에 참여한 교육 참가자 중 한 사람으로 만났다. 책 선물은 나만 받은 것이 아니었다. 친절한 성품에 넉넉한 마음을 가진 신 선생은 교육장에 올 때마다 워크숍 진행자와 참여자 전원에게 크고 작은 선물을 들고 왔다. 뜨거운 아메리카노 한 잔씩, 쿠키 한두 개씩, 텀블러 등 다양한 선물을 가져오더니 급기야는 책을 들고 오셨다.

나는 긴 세월 아동인권의 인식이 증진되기를 소망하며 현장에서 아동인권 침해를 예방하려는 작은 몸짓을 계속해 왔다. 그러나 아동학대라는 특정 아동인권 침해 이슈가 하루도 빠짐없이 터져 나오면서 정부의 시책이나 법률, 국가의 시스템과 학대 예방사업이 아동학대 근절이라는 목적에 제대로 접근해 가는 데 실패하고 있다는 현상 속에서 뾰족한 대안 없이 아파하기만 한 시간을 보내던 참이었다. 그런 와중에 우리가 진행하는 100시간 과정의 아동인권옹호 전문가 양성을 위한 교육 훈련 워크숍에 성실하게 참여하고 있는 참여자가 준 책 선물을 제목이 길다고 옆으로 밀어 놓을 수는 없는 일이었다. 나는 서둘러 그 책을 열었다. 무거운 책을 여러 권 들고 교육장에 나타난 신 선생의 성의를 봐서라도 책을 읽어야 했다.

하지만 책의 첫 번째 에피소드가 채 끝나기도 전에 나는 책에 몰입되어 버렸다. 책의 내용은 책 제목의 길이와 전혀 상관이 없다는 걸 깨달았다. 나는 그 책에 깊은 감동과 영감을 받았다. 책은 왜 우리는 이토록 아동학대 문제를 해결하지 못하고 전전긍긍해 하고 있는지, 왜 우리는 제대로의 해결 방향을 잡지 못하는지, 누가 그 해결의 열쇠를 가졌는지 등 내가 늘 생각하고 힘들어했던 고민의 정곡을 자극해 주었다. 아동인권옹호가를 지망하고 교육 훈련과정을 함께 하면서 신 선생은 자기가 본받고 싶은 아동인권옹호가의 모델을 이 책에서 찾은 것 같았다. 신 선생은 자기가 찾은 역할 모델을 우리에게 소개해 준 것이다. 그 모델은 케이스워커인 사토자키 소타로로 작품 속 주인공이다.

이 책에 소개된 케이스워커는 '아동을 구하는 케이스워커'다. 우리가 아동학대란 말만 들어도 속상하고 화나는 이유는 학대로부터 아동을 구한 이야기보다는 늘 구하지 못한, 학대받은 아동의 처참하고 참혹한 이야기만 대책 없이 전해지기 때문이다. 학대 등 위기상황에서 아동을 구하며, 아동의 생명을 지키기 위해 일하는 케이스워커들이 '구하고 살린 이야기'는 들려지지 않고 매일 약한 아동들, 가장 작은 자들이 힘세고 큰 자들에게 맞고 상처받고 생명을 잃는 이야기들만 들리니 모두들 죄책감과 분노를 느끼게 되는 것이다.

이 책의 주인공 사토자키와 그와 함께 일하는 팀원들은 달랐다. 사토자키가 성탄절 이브에 유선으로 만난 케이스가 너무나 위급하게 느껴져서 "아이가 죽을지도 몰라요"라고 했을 때, 침착하게 듣고 있던 사토자키의 아동상담소 상사가 외친 말은 잊을 수 없다. "죽도록 두지 않아요, 절대로!" 나는 이 한 마디에 정신이 확 깨는 느낌을 받으며 책에 심취됐다. 그랬다. 그들은 정말 아이를 어떤 위기에서도 건져낼 힘과 능력과 따뜻한 마음으로 모두 강하게 뭉쳐있고 무장되어 있었다. 한 사람의 케이스워커가 아닌 하나의 강한 팀으로 연결됐다. 뛰어난 역량과 자질을 겸비하고 경험으로 무장된 팀이다. 그 팀은 놀라운 팀워크를 발휘했다. 그래서 학대 행위를 미연에 예방하고, 미처 손쓰지 못해 터져버린 사건에 신속히 대응해 아이들을 구하고 살렸다. 나는 이 책을 읽고 높은 전문성과 탁월한 기술만이 아이들의 생명을 구하고 살리는 전부가 아니라는 믿음을 갖게 되었다. 문제의 핵심을 알고 인간 생명과 존엄성을 지키고 존중하는 것을 사명으로 여기는 사람이라면 누구나 할 수 있고, 해야 할 일이라고 확신하게 되었다.

책의 주인공 사토자키는 일본의 한 지방정부 사무직 엘리트로 인정받는 행정공무원이었다. 그는 어느 날, 과거에 한 번도 들어보지 못한 '아동상담소'라는 아동복지 전문 상담소로 인사발령을 받는다. "말도 안 되는 막무가내의 인사 조치"라며 본인은 물론 주변 동료 공무원들도 모두 놀란다. 사무직 공무원이 아무런 사전 지식이나 기술 혹은 경험 없이 아동상담소 케이스워커로 발령난 것이다. 그러나 정작 인사과에서는 사토자키를 오랜 기간 면밀하게 파악하여 인사발령을 낸 듯하다. 인사과에서 평가한 사토자키의 특성은 다음과 같다. "복잡하고 까다로운 성격이다. 겉으로는 느긋하고 무심해 보이지만 뜨거운 가슴을 지녀 쉽게 감동한다. 어려운 상황에 부딪히면 상황을 논리적으로 판단해 냉정함을 유지하며 일을 해결하는 능력의 소유자다." 비록 사토자키가 아동 상담에 대한 사전 지식이나 기술은 없지만 아동상담소에서 투철한 사명감으로 헌신하는 아동복지 상담 전문가들의 팀 안으로 그를 밀어 넣으면 초기에는 좌충우돌하며 갈등을 빚을 수 있겠지만 전문가 세계로 빠르게 진입해 자신의 몫을 충분히 해내리라 믿고 인사 조치를 한 것이다.

이 책은 총 368쪽의 장편 소설이다. '인사이동'이라는 첫 번째 이야기로 시작하여 '크리스마스이브의 가택 수사'에서 정점을 찍는다. 아동의 생명을 구하는 막중한 임무를 맡은 지 3개월 만에 오랜 경륜과 전문성, 기술을 자랑하는 동료 전문 상담가들 틈에서 부딪치고 배우고 갈등하며 그들과 나란히 가장 어렵고 힘든 가택 수사 미션을 직접 기획하고 진두지휘하면서 한 아이의 생명을 구해낸다. 손에 땀을 쥐게 하는 드라마 같은 현장감 있는 이야기가 펼쳐진다. 이 이야기는 어디서 영감을 얻은 것일까? 나는 그 답을 이 책의 저자 안도 사토시에 대한 소개글에서 찾았다.

저자 안도 사토시는 아동 복지사다. 일반행정직 공무원으로 지방 공공단체에 입사한 그는 몇몇 부서를 돌며 일하다가 아동상담소로 발령받고 이동했다. 그곳에서 업무 내용의 특수성, 위험성, 그리고 가혹한 상황에 휩쓸리는 어린들의 현실을 보고 강한 충격을 받고 인생관이 완전히 바뀌었다. 인사이동 후에 케이스워커로서 필요한 면접 기술 등의 연수를 받으며 아동복지사 면허를 취득했다. 안도 사토시는 아동상담소를 가장 가혹하면서도 가장 감동적인 일터로 여기며 같은 길을 걷는 많은 젊은 일꾼들에게 용기를 주고자 이 책을 썼다. 그는 자신이 실제로 일한 현장 경험을 바탕으로 유익한 현장의 정보와 기술을 재미있는 이야기로 만들어 전하고 있다. 책은 사토자키라는 인물을 통해 한 아동을 구하고 살리는 일은 아동을 둘러싼 사람들의 민감성과 신고 정신, 그리고 유관 기관 전문가들의 협력과 팀워크를 통해서 가능함을 보여준다. 책은 인간으로 이 땅에 태어난 사람은 그 누구도 아동의 울음소리에 방관자가 되면 안 된다고 소리쳐 깨운다.

2021년은 대한민국이 아동인권의 준거인 유엔아동권리협약을 비준한 지 30년이 되는 해로 비준 이후 한국 아동의 복지와 권리 증진 상황을 파악하기 위한 다양한 행사가 열렸으며 많은 연구보고서가 발간되었다. 2021년 말, 100년 역사의 글로벌 아동 NGO인 세이브더칠드런은 아동학대를 멈추기 위한 목적으로 학대 피해 기록서인『문 뒤의 아이들』을 발간했다. 이 기록서에 의하면 2014년부터 2020년까지 7년간 대한민국에서 학대로 사망한 아동의 숫자는 217명에 달한다. 가정 안에서 발생해 사건이 은폐되었을 경우를 고려할 때 더욱 많은 아동이 학대 피해로 사망했을 것이다. 책의 추천사에서 신수경 변호사는 이렇게 말한다. "이제까지 아동학대를 예방하고 대응하기 위한 다양한 논의들이 있었지만 정작 아이들이 큰 희생을 당한 그 사건들을 올곧게 대면하는 기회는 없었다는 사실은 아이러니하다. 가해자와 피해 아동을 둘러싼 주변, 국가와 사회가 놓친 시스템의 잘못을 애써 외면했던 우리의 시선을 이제 아동들이 있던 문 뒤로 돌려보아야 할 때다. 아동학대 근절과 아동보호를 위한 첫걸음으로 우리들의 시선을 아동들이 서 있는 문 뒤로 적극적으로 돌려야 한다."

내가 일하는 기관 역시 유엔아동권리협약 비준 30주년을 기념하면서 중앙일보와 인터뷰를 가졌다. 우리의 인터뷰에서도 아동학대는 빠질 수 없는 가장 심각한 한국의 아동인권 침해 이슈로 다뤄졌다. 기자는 "보건복지부에 따르면 아동학대 신고 및 학대 판단 건수가 지난 6년간 꾸준히 늘었다. 반복되는 학대를 끊을 해결책이 있는지"를 질문했다. 기자의 질문은 내가 스스로에게 수없이 던져본 질문이기도 하다. 내가 늘 답이라고 생각하던 이야기로 인터뷰를 마무리했다.

"아동학대 예방을 위해서는 우리 모두가 눈 똑바로 뜨고 귀 기울여야 합니다. 옆집에서 아이 울음소리가 심상치 않다고 느껴지면 무슨 일인지 문 두드려 물어볼 수 있을 정도로 '깨어있는 분위기'가 조성되어야 합니다. 우리의 문화가 완전히 달라지지 않으면 사회의 사각지대에 놓인 학대받는 아이들의 고통을 끊을 수 없습니다. 감히 아이를 때리거나 험한 말로 아이를 윽박지르거나 무례하게 아이를 대할 수 없는 분위기가 한국 사회의 문화로 자리 잡아야 합니다."

5) 에린 그루웰 교사

"단 한 명의 아이도 포기할 수 없어요."

"'문제아'가 아닌 '나'가 되는 수업시간이 좋아서 난생 처음 학교에 가고 싶어졌다."

"선생님은 우리 마음을 열었고 우리는 새로운 삶을 열었다."

『프리덤 라이터스 다이어리』(The Freedom Writers Diary) 중에서

어느 날, 대학원에서 박사과정을 공부하는 동료 직원이 다문화를 강의하는 교수가 강의내용과 관련해 영화 한 편을 소개했다며 함께 보자고 했다. 우리는 함께 아동인권교육 훈련 워크숍을 마무리한 후 교육장에 앉아서 영화를 보았다. 제목이 『프리덤 라이터스 다이어리』다. 영화를 보고 영화에 대한 느낌을 나누자고 했지만, 영화가 끝난 후 나는 아무 말도 하지 못했다. 아무 말도 하고 싶지 않았다. 감동을 오래 간직하고 싶었다. 잊지 못할 장면과 대사들이 몇 번이고 되풀이되었다. 오래전에 보았지만 지금도 여전히 기억에 생생한 『죽은 시인의 사회』에서 만난 고등학교 교사 키팅이 떠올랐다. 『죽은 시인의 사회』의 키팅과 『프리덤 라이터스 다이어리』의 에린 그루웰 두 사람 모두 청소년기 아동을 맡아 가르치는 교사다.

그러나 서로 다른 부분도 많다. 키팅 선생은 독신 남성 교사이고 그루웰은 기혼 여성 교사다. 단순한 차이처럼 보이나 동서양을 막론하고 이 다름은 큰 차이를 만들 수 있다. 미혼 남성 교사보다 기혼

여성 교사는 운신의 폭이 좁다. 두 사람이 가르치는 학교와 대상 학생도 다르다. 키팅 선생이 가르치는 학교는 장래가 촉망되는 우수한 학생들이 다니는 곳으로 학생들의 가정환경도 미국의 상류층에 속했다. 반면에 그루웰 선생이 대학 졸업 직후 학교에서 만난 아이들은 갱단이 활개치는 빈민가 출신으로 학업 수준은 바닥을 치는 청소년들이다. 그루웰은 이들 '문제아'라 불리는 청소년 150명을 모아 놓은 특수반 학급의 선생이다.

키팅 선생과 그루웰 선생의 공통점은 학생을 사랑하고 이해하며 공감하는 능력이 탁월하다는 점이다. 두 사람 모두 교사로서 지고한 핵심가치를 지녔고 투철한 사명감으로 헌신하며 가치 실현을 사명으로 삼았다. 키팅 선생을 사랑하는 학생들은 그를 '캡틴', '마이 캡틴'이라 부르며 따른다. 그루웰 선생은 학생들의 사랑과 신뢰를 얻으며 아이들의 삶과 자신의 삶을 동일시하며 함께 살아간다.

나는 에린 그루웰을 내가 찾은 작품 속 아동인권옹호가로 소개하련다. 그루엘 선생은 내가 작품을 통해 만난 인물이다. 그녀는 현재 미국에서 실제 활동 중인 교육자이며 아동인권옹호가다. 나는 교사, 복지사, 언론인, 법률가, 정치가, 종교지도자 등 그 어떤 직종에 종사하든 자신의 전문직을 삶의 현장에서 실현하는 과정에서 인권을 기반으로 그 직임을 수행한다면 성공한 일꾼이라 믿는다. 그루웰은 교사직을 통해 아동인권을 실천한 아동인권옹호가다. 그녀는 교사로서 성공한 일꾼이다. 나는 그녀를 영화 『프리덤 라이터스 다이어리』를 통해서 만났고, 같은 제목의 책을 통해서 좀 더 깊이 알게 되었다. 1999년에 출간된 책『프리덤 라이터스 다이어리』에는 에린 그루웰이 쓴 8편의 일기와 학생들이 익명으로 쓴 142편의 일기가 실렸다. 총 150편의 일기는 그루웰이 쓴 '새로운 여정을 시작한 자유의 작가들'이란 제목의 에필로그로 마무리 된다. 그러나 그녀의 에필로그 제목이 시사한 대로 이 책은 거기서 마무리되지 않는다. '후일담'이란 제목으로 끝이 아닌 또 다른 여정의 시작임을 알리는 다른 편의 그루웰의 일기와 새로운 여정을 시작한 학생들의 10편의 일기가 더하여져서 600쪽 분량의 책이 마무리 된다.

『안네의 일기』를 읽는 것으로 이들의 배움의 여정이 시작되지만『프리덤 라이터스 다이어리』에는 안네의 일기와 달리 놀랄 만큼 다양한 청소년들의 삶이 담겨있다. 그루웰의 도움으로 읽고 말하고 쓰기를 배우는 과정을 통해 아이들은 변한다. 대학을 졸업하고 정교사 자격증도 받기 전, 아무런 경험도 없이 윌슨고등학교 국어교사로 부임하는 그루웰은 신참 교사로 학생들을 만날 순간을 설레며 기대한다. '학생들이 거리감을 느끼지나 않을까?' '나를 미숙하다고 느끼면 어쩌나?' '어리다고 아예 무시해 버리는 건 아닐까?' '학생들을 만나면 나와 학급에 바라는 것이 무언지 일기에 써보라고 헤야겠다'며 설레는 마음으로 첫 만남을 준비한다.

윌슨고등학교는 서로 다른 인종과 종교, 문화, 환경의 아이들이 함께 모여 있는 학교다. 백인보다는 흑인계와 라틴계, 아시아계 학생이 다수를 차지한다. 피부색이나 문화와 상관없이 학생들을 차별 없이 가르치겠다던 그루웰 선생의 포부는 첫 수업부터 도전에 부딪

한다. 수업 시작종이 울린 뒤에야 농구공을 튀기며 어슬렁어슬렁 들어선 샤로드는 그루웰 선생과 처음 마주친 짧은 순간에 공격적인 태도로 자신은 윌슨고등학교를 싫어하고, 국어 과목을 싫어하며, 국어 선생인 그루웰을 싫어한다고 분명히 밝힌다.

그로부터 한 달 뒤, 샤로드의 튀는 행동에 짜증 난 반 아이 하나가 샤로드의 입술을 과장되게 부풀린 인종차별적인 그림을 그려서 수업시간에 몰래 반 아이들끼리 돌려보다가 웃음소리와 함께 발각된다. 그림을 본 샤로드는 울 것 같은 표정을 짓는다. 거칠게만 굴던 샤로드의 허울이 벗겨지는 순간이었다. 그림을 뺏어 든 그루웰 선생은 화를 참을 수 없어서 "이건 나치들이 홀로코스트 때 썼던 선전하고 다를 게 없어"라고 고함을 질렀다. 그런데 한 아이가 머뭇거리며 "홀로코스트가 뭐예요?"라고 물었다. 그 아이의 뜻밖의 질문에 그루웰은 공들여 준비한 수업 계획을 포기하고 '관용'(Tolerance)을 교육 내용의 핵심 주제로 삼기로 마음먹는다.

정규 국어 교과서 대신에 새로운 책을 활용하고, 일일 교사를 초빙하고, 현장학습을 다니며 역사를 가르치려고 애썼다. 학생들의 눈높이에 맞는 학습자료를 구하고, 다양한 프로그램을 기획하고, 실천에 옮겼다. 아직 정교사가 아닌 새내기 교사 신분이기에 그루웰은 현장교육에 필요한 비용 마련을 위해 저녁에는 메리어트호텔의 접수계 일도 하고 노드스트럼 백화점에서 란제리도 팔았다. 학생들 교육에 도움 되는 일이라면 무슨 일이든 했다. 그루웰 선생의 헌신적인 노력과 혁신적인 교육 방법으로 구제 불능이라던 학생들이 한 명씩 마음을 열고 다가오기 시작했다. 새내기 교사 그루웰의 열정이 지역사회에 알려지면서 외부로부터 지지와 도움도 받는다. 반면에 기득권을 가진 교사들로부터의 질시와 비난을 감수해야 했다.

처음에 아이들은 읽기를 싫어했고, 무언가를 쓴다는 것은 불가능한 상태였다. 국어를 가르치는 교사로서는 막막한 상황이었다. 대부분 교사가 아이들을 포기했지만 그루웰은 절대로 포기하지 않았고 아이들에게 아무런 가망이 없다고 생각하지도 않았다. 그루웰은 아이들이 이미 알고 있고 할 수 있는 것으로부터 시작해야겠다고 마음먹는다. 그루웰은 아이들을 바로 잡으려면 자기 자신이 몸을 낮추고 그들과 함께 뒹굴지 않으면 안 된다고 믿었다. 아이들이 현재 처한 환경과 관계있는 소설을 찾아 소개하고 그걸 생생하게 느끼도록 이끌었다. 그러자 아이들이 책을 읽기 시작했다. 어떤 학생은 자기가 책을 끝까지 읽은 게 이번이 처음이라고 말하기도 했다.

그루웰 선생이 학생들과 함께 교육의 성과를 만들어가는 동안 월슨고등학교 일부 교사들은 그루웰에 대해 "지나치게 열성적이고 미숙하며 교육 방식도 비정통적이다"라며 평가 절하하고 사생활을 침해하며 음해하는 일까지 일어났다. 견디기 어려워 그루웰은 이직을 결심하지만, "선생님이 떠나면 선생님의 학생들은 어떻게 해요?"라는 교장 선생님의 질문에 자기의 고통과 아픔은 뒤로 하고 계속 아이들 곁에 머문다. 사회적 편견에 희생당했던 분들을 초청해 집단적 낙인의 위험성에 대한 강연도 듣게 했다. 홀로코스트 생존자 르네 파이어스톤 씨는 학생들에게 "일부 사람들의 행동만 보고 전체 집단을 판단해서는 안 된다. 독일인들이 전부 나치였던 것은 아니다"라고 했다.

그루웰 선생은 부임 초기 '관용'을 가르치기로 결심한 이후, 아이들에게 그 주제를 계속 상기시키며 확장해 나갔다. 이 주제와 관련해 4권의 읽기 자료가 선정되었다. 토드 스트라서의『파도』, 엘리 비젤의『밤』, 안네 프랑크의『안네의 일기』, 즐라타 필리포비치의『즐라타의 일기』였다. 아이들은 책을 읽고 글 속의 이야기를 통해 자신들의 현실을 바라보면서 공감하며 교훈을 얻었다. 특히 자기들 또래 아이의 일기인『안네의 일기』와『즐라타의 일기』는 아이들의 삶에 많은 변화를 주었다. 학생들은『안네의 일기』출간 50주년을 준비하는 안네 프랑크의 아버지 오토 프랑크의 비서였던 미프 하스 씨를 만나는 영광을 누리고,『즐라타의 일기』를 쓴 즐라타를 초청해 만나는 기쁨도 누리면서 성장해간다. 그루웰의 학생들은 그녀의 가치관과 철학, 열정, 그리고 편견 없는 사랑 덕분에 자신들의 삶에 소망을 품는다. 한 학생은 익명으로 쓴 자신의 일기에 이렇게 썼다.

"인종 간의 관용에 대한 수업을 시작할 때만 해도 그것이 내 삶을 바꾸는 계기가 될 줄 몰랐다. 오늘 우리는 홀로코스트 생존자인 제르다 씨를 만났다. 제르다 씨는 허리도 제대로 펼 수 없는 지하실에서 지내야 했다. 그녀를 제외한 모든 가족은 목숨을 잃었으며 그녀 혼자 수용소에 살아남았다. 안네처럼 제르다 씨도 숨어 지내야 했다. 두 사람은 정상적인 청소년기를 보내지 못했다. 전쟁 내내 유대인들은 비웃음과 박해에 시달렸다. 불행하게도 나는 밖에 나가지 못하는 답답한 사정이 어떤지 잘 안다. 나의 경우는 게슈타포가 아니라 갱단 때문이다."(Diary 41 인용)

그루웰 선생은 동료 교사들로부터 미숙하고 가르치는 방식이 비정통적이라는 비난과 평가를 받았다. 그녀의 교수법이 정통인지 비정통인지 알 수 없으나, 그녀는 단지 자기가 아는 지식만을 학생들에게 가르치려 하지 않았다. 학생들이 알고 이해하기 쉬운 것을 교육자료로 활용하며 함께 배워나갔다. 학생들이 모르는 것으로부터 시작하지 않고 학생들이 알고 있는 것을 주제로 이야기를 시작했다. 이러한 그루웰 선생의 지혜롭고 통찰력 있는 '학생 중심의 교육 방식'이 학습이 불가능하다고 낙인찍힌 학생들을 배움의 길로 이끌었다. 그들은 읽고 생각하고 쓰는 사람으로 변해갔다. 그들은 고백했다.

"선생님은 우리 마음을 열었고 우리는 새 삶을 열었다!"

에린 그루웰 선생은 단 한 명의 아이도 포기하지 않았다. 150명의 학생들, 『프리덤 라이터스 다이어리』를 쓴 자유의 작가들, 그들은 1998년 10월 15일 '안네 프랑크의 정신상'을 수상했다. 에린 그루웰과 자유의 작가들은 '자유의 작가 재단'을 설립하여 글쓰기 교육을 통해 미국의 고교 중퇴율을 낮추고 학생들에게 학문적 잠재력을 깨닫는 기회와 희망을 주는 등 계속해서 지역사회에 헌신하고 있다. 미국의 참 교육자 에린 그루웰은 내가 만난 아동인권옹호가다.

6) 강주은 방송인

2020년 5월이었다. 특이한 분위기의 여성 한 분이 국제아동인권센터 사무실을 방문했다. 얼마 전 이사장으로부터 새 이사 한 분을 모시기 위해 섭외 중이란 말을 들었는데 그분이 바로 새로 영입된 강주은 이사였다. 강주은 이사를 처음 만난 나는 그녀에 대해 아는 것이 거의 없었다. 캐나다 이민 가정의 외동딸로 태어나서 그 나라에서 자라며 교육받은 여성이라는 것과 지금은 한국에 살고 있다는 것이 전부였다.

강 이사는 인상이 좋았다. 검정 옷을 입었는데 화려하게 느껴지는 특이한 분위기를 연출했다. 기이하게도 전혀 화려하지 않은 검정 옷을 입은 화장기 없는 모습인데 화려했다. 무엇하나 튀는 곳이 없는데 빛났다. 미소가 눈부셨다. 그녀는 누구에게나 호감을 주는 미소를 지었다. 내가 좋아하는 '빛나는 미소'(radiant smile)라는 단어가 떠올랐다. 사람을 기분 좋게 하는 무언가를 지닌 신비함을 느꼈다. 지극히 호감이 가는 여성을 만났지만 사회성이 낮고 나이에 맞지 않은 수줍음을 지닌 나는 강 이사를 말없이 바라만 보았다. 강 이사는 차분했다. 한국어가 능숙하지 못하다고 했지만 실제론 한국어를 예쁘게 구사했다. 호기심이 생겼다. '강주은, 그녀는 누구인가?'

나에게는 초면이지만 강 이사는 우리 사회에 잘 알려진 유명 인사였다. 그녀는 미스코리아 캐나다 진에 선발되어 1993년 한국에 왔다. 다음 해인 1994년 배우 최민수를 만나 결혼했다. 2003년부터 한

국에서 사회활동을 시작했다. 서울 외국인학교에서 대외협력이사
와 부총감으로 13년을 근무하면서 코리아 외국인학교재단 사무총
장, 미국 상공회의소 이사로 일했으며 2009년에는 주한 외국 대사들
을 인터뷰하는 '디플러머시 라운지'의 진행자로 활동했다.

　서울 외국인학교를 떠난 뒤 2017년부터 홈쇼핑 '강주은의 굿 라이
프'를 현재까지 진행하는 등 유명 방송인으로 활동하고 있다. 국제
아동인권센터의 직원들을 통해 강 이사에 대한 다양한 정보를 들었
음에도 그녀에 대한 나의 호기심은 채워지지 않았다. 그녀가 풍기는
남다른 분위기가 어디서 오는지 찾고 싶었다. 검은 옷을 입었는데
화려하게 빛나고, 조용하지만 찬란한 미소로 많은 것을 표현하는 여
성, 차분하고 조신한 멋을 풍기는 여성인 그는 누구일까?

　강 이사가 센터 사무실을 방문한 날로부터 몇 주간 지났을 때 그
녀로부터 책 한 권을 선물 받았다. 자신의 저서 발간을 축하하며 센
터 직원 모두에게 선물했다. 책 제목이 『강주은이 소통하는 법』(Be
sensitive to people's difference)이다. 강주은이 누군지 알 수 있는
기회였다. 다른 사람에게서 전해 들은 강주은이 아닌, 내가 직접 그
의 글을 통해 만나는 기회다. 책을 받은 즉시 단숨에 읽었다. 책을
통해 알게 된 강주은의 소통법은 흔한 '비폭력 대화법'이나 '이기는
대화법' 같은 소통 방법의 팁(tip)을 주는 것이 아니었다. 강주은이
소통하는 법은 나와 다른 사람의 마음을 헤아려 상대방 입장에서 대
응하는 민감성을 기반으로 하는 '강주은의 공감 능력으로 소통하는
대화법'이다. 이 책은 모든 사람의 다름을 인정하고 존중하는 마음

을 다루고 있다. '말' 이 아닌 '마음'에 관한 이야기가 담겨 있다. 요약하면 역지사지의 마음으로 상대방과 대화하는 것이 '강주은이 소통하는 법'이다. 나는 책을 통해서 강 이사를 알아갔다. 2017년 8월에 발간된 그녀의 또 다른 책『내가 말해 줄게요』도 읽었다.

　강 이사는 상대방의 마음을 세심히 읽고 대신 말해준다. 타고난 따뜻함과 타인을 배려하는 마음, 탁월한 언어능력으로 작은 자들을 대변한다. 강한 자 같이 보이나 심약한 사람의 대변인이 되어 주고 작은 자중에서도 가장 작은 자들인 아동의 변호인이 되어 준다. 강 이사는 특별하고 유명한 사람을 남편으로 만났다. 태어난 국가의 정서와 문화의 차이, 습관과 전통의 차이, 성장한 가정환경의 차이 등 큰 다름을 극복하기 위한 긴 시간을 이겨냈다. 수많은 어려움을 지혜롭게 극복하고 이겨냈다.

　강 이사는 "나를 비운다는 건 손해를 보겠다는 마음이다. 결혼 후 처음 5년 동안 완전히 나를 내려놓자 남편이 바뀌기 시작했다"고 썼다. 그녀 같이 빛나는 사람이 스스로 루저(looser)가 되기가 쉬울까? 절대 쉽지 않다. 그러나 그녀는 '지는 것이 이기는 것'임을 충분히 알고 있는 지혜로운 여성으로 "서로의 삶을 존중하고 거리를 지키는 것이 가장 자연스러운 사랑의 방법"이라 말한다. 강 이사는 누구에게나 겸허한 자세를 취했고, 누구를 대하더라도 가르치는 말투를 의도적으로 삼갔다. 늘 간결하게 말하고, 가능한 한 말을 아꼈다. 말을 할 때 감정을 배제하는 연습을 매일 했다. 감정적으로 말하고 본능적으로 표현하는 것은 절대 해서는 안 되는 일로 여기며 실제 행동으로 옮겼다. 일상에서도 감정적으로, 본능적으로 말하지 않았다. 결국 그녀의 소통하는 법은 '나를 설명하는 것이 아닌 상대방을 이해하는 소통법'이다.

강 이사가 지닌 인생철학과 가치관은 고스란히 자녀 양육 태도로 이어졌다. 아이가 학교에서 30점을 맞든 80점을 맞든 아이의 노력을 인정해주고 충분히 손뼉 치며 응원해 줬다. 점수도 중요하지만 그보다 더 중요한 건 아이가 노력의 대가를 정직하게 인정하고 기뻐하는 자세를 갖는 것이라 믿기에 적은 노력과 성취라도 충분히 칭찬해 줬다. 아이들이 올바른 자세를 갖도록 지도하는 것은 부모가 감당할 몫이며 부모 역할의 기본이다. 그녀는 자신감이란 교만하고 잘난 척하는 것이 아니라 성적이 떨어질 때 '나는 모자라는 사람인가?'라고 생각하지 않는 것이라고 믿고 자녀를 자신감 있는 아이로 키웠다. 아이들과 소통할 때도 어른들과 소통할 때와 같은 마음과 태도로 하려고 노력했다. 아이들이 아주 어릴 때부터 소위 '애기 말투'로 소통하지 않았다. 처음부터 아이를 한 인격체로 존중해주며 지켜주고 싶었기 때문이다. 가끔 떼쓰고 울면 마음대로 떼쓰고 울도록 기다려 준 후 이렇게 또박또박 마무리한다. "기분이 안 좋다고 그렇게 사람들이 많은 데서 울면 안 돼. 그렇게 울어도 해결되는 건 없어." 아이가 한 살 때부터 그렇게 했다고 한다. 어린시절부터 책임감을 배우는 건 너무나 중요하다. 가끔 어른들이 이야기하는 중에 아이가 와서 말을 걸 때면 그녀는 이렇게 말했다.

"우리가 얘기하고 있는 거 알았지? 잘 몰랐어?" 아이가 "알았어요"

라고 대답하면 이렇게 마무리 한다. "다음에는 사람들이 얘기하고 있는지 꼭 살펴봐야 해. 사람들이 얘기할 때는 네가 하고 싶은 말이 있어도 기다려야 돼. 그리고 언제 말을 해도 되는지 꼭 물어봐야 하고."

아이가 예의를 배우는 건 매우 중요하다. 기본이 된 아이란 예의 바르고 아주 적은 것에도 감사할 줄 아는 아이다. "엄마, 고마워." 이 쉬운 한 마디도 습관이 되어있지 않으면 하기 어렵다. 자녀에게 이런 기본을 가르치기 위해서는 엄마가 먼저 본이 되어야 한다. 아이의 작은 친절을 칭찬하고 감사 인사를 하도록 서로 훈련해야 한다.

강 이사는 아이들이 사춘기로 접어들자 그들이 스스로 서는 자립심 있는 사람이 되길 바랐다. "아무 일, 적더라도 스스로 돈을 벌거나 받을 수 있는 일을 하면 좋겠다"고 아이들에게 말했다. 아이들이 독립심과 자신감을 갖는 모습을 보일 때면 바로 감사했고, 격려했다. 어떤 경우에도 아이들이 용기 있고 떳떳한 존재가 되길 바랐다. 자기 잘못을 인정할 줄 아는 아이가 용감한 아이라고 믿었다. 가장 숨기고 싶은 자신의 실수나 실패를 용기 내어 말할 때, "말해주어 정말 고맙구나"라고 격려했다. 아이들이 바르고 건강하게 잘 자라도록 노심초사하는 것은 부모의 도리겠지만 그렇다고 자녀를 소유하려 하면 안 된다. 완전히 독립된 한 존재에게 "내 꿈을 이뤄달라"고 강요할 수는 없는 것이다. 엄마가 되기 위한 특별한 설명서란 없다. 좋은 어른, 좋은 엄마가 되는 데 정답은 없다. 엄마는 아이와 바람직한 관계를 만들기 위해 걸어야 하는 길을 스스로 찾아 아이와 함께 걸어야 한다.

외국에서 대학 졸업 후, 바로 한국에 와서 이른 결혼을 하고 바로 엄마가 된 강 이사는 어떻게 이렇게 심오한 아동옹호가의 자질과 아동인권에 기반 한 탁월한 양육자의 능력을 실천하게 된 것일까? 책으로만 알아낼 수 없는 또 다른 호기심에 부딪쳤다. '훌륭한 부모님의 영향인가? 크리스천 신앙 교육의 영향인가? 캐나다에서 받은 서구교육제도와 방법 때문인가? 아니면 박애 정신을 천부적 성품으로 타고 난 것일까?' 그래서 강 이사를 만났다.

직접 대면한 강 이사는 순박하고 솔직하고 친절했다. 꾸미지 않은 외모처럼 내면도 그랬다. 부모님으로부터 사랑과 존중을 받고 자라왔기에 사랑과 존중으로 모든 사람을 대하는 자세와 태도를 보였다. 누구에게나 구별 없이 따뜻하게 배려하고 공감과 경청으로 소통하며 이해와 용서, 사랑을 실천하는 참 크리스천의 삶을 살고 있는 모습이었다. 태어난 캐나다에서 모든 교육 과정을 거치면서 독립된 인격체로서 갖추어야 할 의무와 책무성에 대한 정신을 내재화했고, 의존하지 않고 무슨 일이든 스스로 해내는 인격체가 되는 법을 터득했다. 자기가 선택한 적이 없이 주어진 모든 좋은 환경과 조건을 '당연한 것'으로 받아 누리기만 하지 않았다. 이러한 철학과 가치관을 그대로 자녀 양육에 적용, 아무리 어린 자녀라고 해도 독립된 한 인격체로 존중하면서 가르치고 훈련했다.

내가 만난 강주은 이사는 아동인권옹호가다. 그녀의 '빛남'은 미스코리아 캐나다 진의 미모에서 기인한 것이 아니다. 전혀 예기치 못한 인생의 크고 작은 파도를 담대하고 슬기롭게 돌파하며 지혜와 총명으로 인내하고 극복해 낸 그녀의 내면 깊은 곳으로부터 뿜어 나온 것이었다.

'존중받고 사랑받은 아이가 존중하고 사랑할 줄 아는 사람이 된다'고 말한 아동인권옹호 선구자 야누시 코르차크의 말처럼 강 이사는 가정과 학교, 교회, 지역사회로부터 존중받고 사랑받으며 자랐고, 그것을 그대로 그녀의 남편, 자녀, 그리고 그녀가 사회활동을 하면서 만나는 모든 아동과 청소년, 그들의 부모와 이웃에게 '강주은 소통법'으로 실천하고 있다.

국제아동인권센터는 역량과 자질을 두루 갖춘 아동인권옹호가를 이사로 모시게 된 것을 기뻐하며 감사하고 있다. '작은 자들을 위해 작은 자들과 함께, 그들이 살기 좋은 세상을 만드는 것'을 비전으로 삼고 일하는 국제아동인권센터의 임직원들은 천군만마를 얻은 기쁨으로 강 이사와 함께 우리의 사명을 실천하는 자리로 나아가고 있다.

7) 이양희 교수

친한 친구와 가까운 친구는 다른 것 같다. 친하다고 늘 가까이 있는 건 아니다. 친하지만 늘 가까이 있을 수 없는 사람이 있다. 물리적으로는 늘 멀리 떨어져 있으나 마음으로 늘 하나인 사람, 그런 사람을 친한 친구라 한다. 나에게 이양희 교수가 그런 분이다. 그는 늘 먼 곳에 있다. 눈에 보이지 않는 곳에 있지만, 그의 활동을 각종 국내외 미디어를 통해 접할 때마다 격려의 댓글을 보내거나 큰 박수로 응원하게 되는 사람, 나에게 이양희 교수는 그런 친구다.

한국에서 아동의 복지와 안녕의 개념이 달라지기 시작한 때를 1989년 3월경으로 기억한다. 국제사회는 영국과 스웨덴 등 북유럽 국가들 중심으로 아동인권의 준거인 '유엔아동권리협약'의 채택을 준비하며 활발하게 활동하던 시기다. 그러나 당시 한국은 1989년 11월 20일에 유엔총회에서 만장일치로 채택된 유엔아동권리협약에 관한 정보에 열려있지 못했다. 그런 가운데 아동청소년을 위해 활동하는 사회복지계 전문가들과 소아과 의사를 중심한 의료계, 그리고 아동청소년학과 교수, NGO 활동가들이 모여 아동학대예방협회를 구성했다.

이양희 교수를 처음 만난 것이 한국아동학대예방협회 활동과 관련된 전문가들의 모임에서였다고 기억한다. 글로벌 아동 NGO인 세이브더칠드런에서 일하고 있던 내가 아동청소년학 교수인 이 교수와 처음 인연을 맺은 때는 사회복지 전문가들이 아동학대 문제를 전문적이며 구체적으로 접근해 예방 방안을 모색하기 시작한 중요한 시점이었다. 이 만남을 계기로 세이브더칠드런 국제연맹을 통해 들어오는 아동인권과 유엔아동권리협약 정보와 지식을 이 교수를 비롯해 아동학대예방협회 이사진들이 빠르게 공유하게 되었다. 나는 아동학대예방협회 이사회의 요청으로 세이브더칠드런 연맹에서 제작한 비디오를 활용, 유엔아동권리협약을 소개하기도 했다. 또한 아동인권교육 훈련의 중요성을 촉구하며 유엔아동권리협약을 세상에 알려 협약의 조항들이 아동의 삶의 현장에서 실제 이행되도록 개발한 유엔아동권리협약 훈련 자료(Training Kit for the UN Convention on the Rights of the Child)를 한국어로 요약, 번역한 아동권리 교육 훈련 교재를 보급했다. 이 모든 과정에 함께해 준 아동·청소년 전문가가 이양희 교수다. 이 교수는 타고난 국제적인 감각과 작은 자를 향한 민감한 인권감수성, 아동·청소년의 발달 단계와 특성에 대한 해박한 지식과 경험을 바탕으로 탁월한 리더십을 발휘했다.

　유엔아동권리협약이 채택된 후에도 한동안 한국 정부는 물론 민간단체에서조차 유엔아동권리협약에 대한 홍보가 이루어지지 못해 유엔아동권리협약에 대한 사회 전반의 인식은 제한적이었다. 세이브더칠드런 연맹은 유니세프와 함께 유엔아동권리협약과 교육 훈련 내용을 전 세계에 선도적으로 전했다. 1990년대에 들어서면서 세이브더칠드런 코리아는 세이브더칠드런 스웨덴의 아동인권교육 훈련 전문가를 한국에 초청했다. 현장에서 활동하는 복지사, 대학교

수, NGO 활동가들에게 유엔아동권리협약과 아동인권을 배우고 훈련 받을 기회가 주어졌다. 특히 세이브더칠드런은 정부의 위탁을 받은 사업장인 지역사회 복지관에서 해외에서 초청된 훈련가로부터 아동인권교육 훈련 워크숍을 여러 차례 진행했다. 이양희 교수는 외국인 전문 훈련가와 함께 국내 아동인권 관련자들에게 유엔아동권리협약을 알리고 적용하는 방안들을 조언했다.

2003년에는 한국에 아동인권의 중요성과 함께 아동인권의 준거가 되는 협약을 한국 사회에 널리 알리는 특별한 행사가 기획되었다. 한국 아동권리추진위원회 활동이었다. 세이브더칠드런 코리아가 한국 최초의 아동권리추진위원회 사무국 기능을 맡아 국내의 영향력 있는 지도자들과 함께 치밀하게 계획하고 준비했다. 유니세프 한국 위원회 사무총장, 유네스코 한국 위원회 사무총장, 월드비전 회장, 아동, 청소년 학자, 법조계 인사 등이 모여 아동권리추진위원회를 구성했다. 이양희 교수가 아동권리추진위원회 위원장으로 추대되었다. 고 이희호 여사와 김화중 당시 보건복지부 장관이 함께했다. 위원회는 아동권리와 유엔아동권리협약을 널리 알리며 11월 20일 협약 채택일이 포함된 한 주간을 '아동권리주간'으로 선포했다. 그때부터 지금까지 매년 11월 20일이 포함된 주간은 대한민국의 아동권리주간으로 지키게 되었다. 이 교수는 이때를 시작으로 아동인권옹호가로 활발히 활동했다.

한국에서 아동권리주간이 선포된 2003년에 이 교수는 한국인으로는 처음 유엔아동권리위원회(UN Committee on The Rights Of

The Child) 위원으로 선출되어 스위스 제네바를 중심으로 국제연합(United Nations) 활동을 시작했다. 전 세계 아동인권옹호 전문가 18명으로 구성된 유엔아동권리위원회는 유엔아동권리협약을 비준한 국가들이 제출한 자국의 아동권리협약 이행 보고서와 각국의 비영리 민간단체들이 작성한 NGO 보고서를 심의하고 권고문을 보내는 국제 아동권리이행 모니터링 기구다.

이 교수는 2005년에 유엔아동권리위원회 부위원장으로, 2007년에 위원장으로 선출되었다. 그는 협약 이행을 약속한 전 세계 196개 협약 비준국들의 아동권리협약 이행 현황을 심의하고 권고하는 유엔아동권리위원회 수장으로 국제사회에서 탁월한 리더십을 발휘했다. 10여 년의 긴 세월을 전 세계 아동의 인권을 존중하고, 보호하며, 실현하는 데 전념했다. 뛰어난 인권감수성과 전문성으로 196개 협약 비준국의 아동의 삶을 세밀히 살피고 이행 보고서를 심의하며 부족한 부분을 고치도록 권고하는 등 세상의 모든 아동의 인권 증진과 개선을 위해 헌신했다.

이양희 교수는 국내외적으로 널리 알려진 아동인권 분야의 권위자이며 아동인권옹호가다. 2011년 위원회 활동을 갈무리하면서 대학으로 복귀한 이 교수는 후배 양성에 전력투구하게 된 것을 기뻐했다. 학교에서 학생들을 열정적으로 가르치는 것은 귀한 사명이다. 그러나 10여 년간의 험난했으나 너무나 소중한 국제 활동의 경험과 현장에서 쌓아 올린 전문성, 기술로 또 다른 책무를 감당해야 했다. 한국의 아동인권 수준을 선진국 수준으로 끌어올려야 하는 과제를 외면할 수 없었다. 주변에서는 "이제는 한국 아동들을 위해 일해야 한다"고 이 교수를 설득했다. 2011년 당시 한국에서는 여전히 유엔아동권리협약을 모르는 사람들이 많았다. 당시 한국 정부는 유엔아동권리위원회으로부터 "아동을 위해 일하는 전문직 종사자들조차 아동인권의 개념을 명확히 인지하지 못하는 상황이 우려된다"는 권고를 받았다. 유엔아동권리협약을 알리고 아동권리 인식 증진을 위한 교육훈련과 홍보에 힘쓰라는 권유도 함께 받은 상황이었다.

아동인권 관련자들은 이제 한국에 아동인권옹호만을 위해 일하는 조직이 필요하고 이 일에 앞장서야 할 사람이 이양희 교수라고 주장했다. 이것이 작지만 강하고 전문성을 담보한 비영리민간단체(NGO)인 국제아동인권센터가 탄생한 배경이다. '가장 작은 자를 위한 더 나은 세상을 아동과 함께 만들어가기' 위해 유엔아동권리협약을 널리 알리고 교육하고 훈련하는 것을 사명으로 이 땅에 태어난 조직이 바로 국제아동인권센터다.

이 교수는 아동 정책 개발과 영향평가 분야뿐 아니라 아동 관련 법 제정 및 개정에 목소리를 내며 구조적 변화를 통한 아동인권 상황 개선을 위해 노력하고 있다. 아동의 인권 침해 상황 관련 상담 및 임상, 아동 상담, 아동학대 예방, 놀이 치료, 발달 장애 아동 중재, ADHD 증상과 치료 방법 등 다양한 아동인권 침해와 관련된 연구 활동을 통해 아동인권을 보호하고 존중하며 실현하는데 기여했다. 2012년에는 국제아동학대방임예방학회(ISPCAN) 집행위원으로 선정되어 활동했다. 이 교수는 유엔아동권리위원회 활동을 마친 후,

한국의 아동인권옹호 활동에 주력하던 중 UN 미얀마 인권 특별보고관으로 임명되어 다시 국제 인권옹호 활동을 이어갔다. 이 교수는 2009년 대한민국 인권상 국민훈장(석류장) 수상을 비롯해 올해의 여성상(2007), 효령상 사회봉사부문(2011), 영산 외교인 상(2015) 등을 수상했다.

이 교수는 어릴 때부터 한국의 유명 정치인이었던 부친으로부터 "나보다 나라가 먼저"라는 가르침을 받으며 자랐다. 한국에 여성 전문직이 희귀한 시절에 여성 의사로 활동한 모친을 통해서는 여성으로서의 자존감과 자부심을 키웠다. 이 교수의 부모님은 늘 그에게 "무엇보다 사람을 존중하라"고 가르쳤다. 그는 "사람을 얻기 위해서는 마음의 가시를 뽑으라"는 말을 가슴에 새겼다고 한다. 이렇듯 인권의 중심 가치인 존중과 존엄을 배우며 실천하는 삶을 살면서 이 교수는 이 땅의 가장 작은 자들의 존엄을 존중하는 인권옹호가로 성장하였다.

8) 변화를 이끄는 아이들,
그들은 세상을 바꾸는 변화 인자
(Change Agents)!

아동을 조건 없이 편들어 준다거나 아동과 타인과의 갈등상황에 끼어들어 가장 작은 자를 보호하려는 행동을 하는 것은 아동이 힘없고 미숙한 존재이기 때문이기도 하지만 전 세계가 지키고 실천하기로 한 유엔아동권리협약의 백미인 '아동의 최상 이익의 원칙'을 지키기 위한 노력에서도 비롯된다고 생각한다. 아동의 편에 서서 일하거나 아동의 인권을 옹호해 주는 사람은 대부분 인권 분야에서 일하는 전문직 종사자, 혹은 인권감수성이 민감한 일반 성인들이다. 가장 작은 자들의 편을 들어 주고 그들의 인권을 옹호한다는 것이 쉽지는 않고 흔히 일어나는 일도 아니다.

그러나 오래전부터 가치로운 일을 실현하기 위해 앞장선 사람들을 만날 수 있다. 우리는 아동인권옹호 선구자들을 찾아 그들이 실현한 가치를 배우며 그들의 업적과 성취에 감동해 우리 또한 실천하려는 노력을 기울이기도 한다. 100여 년 전부터 아동인권 선구자로 활동한 옹호가들의 정신은 끊이지 않고 이어져 오늘을 사는 사람들에게 귀감과 길이 된다. 물질만능주의 세상, 이기적이고 자기중심적인 사고가 만연한 사회 한가운데 살지만, 가장 작은 자를 위해 헌신하며 높은 가치를 실현하려는 사람들을 만나는 것은 행운이다. 놀라운 점은 인권옹호활동가 중에 어린 아동들이 포함되어 있다는 사실이다.

긴 세월 동안 아동은 미숙하고 연약한 존재이기에 보호의 대상일 뿐이라고 믿어온 아동에 대한 관점에 변화가 일어났다. 1989년 11월 20일에 유엔에서 만장일치로 채택된 유엔아동권리협약은 아동을 보호의 대상임과 동시에 자신의 권리를 지니고 주장하는 권리 주체자임을 천명했다. 협약의 아동권리 조항 중 제 5조는 아동의 발달 특성과 관련, 매우 중요한 개념을 제시한다. 이는 아동이 지닌 '진화하는 능력'(Evolving Capacity) 혹은 '발달능력'이라고 표현하는 개념이다. 이 개념은 협약 채택 훨씬 이전, 미국의 교육 철학자 존 듀이의 이론에 기반을 두고 있다. 이것은 전통적으로 우리가 가지고 있던 아동을 바라보는 관점을 바꾸어 준 개념이기도 하다.

존 듀이는 아동기 발달특성 중 하나인 '미성숙'은 '결핍이 아닌 성장하는 힘'이라고 해석하며 '아동은 진화하는 능력을 가진 존재, 성장하는 힘을 지닌 존재'라는 새로운 정의를 내렸다. 이 짧은 한 줄의 정의가 아동기를 사는 모든 아이들을 힘없고 연약하며 미숙한 존재로 보던 고정관념을 통째로 바꿔 아동의 삶에 긍정적 영향을 미치게 되었다. 이 정의는 유엔아동권리협약 제 5조에 아동의 발달특성을 인지하는 개념으로 명시되었다. 또한 협약의 전 조항에서 아동의 존재론적 특성과 사회활동가(social actor)로서의 아동의 활동에 대한 기대와 가능성을 높여 주었다. 협약의 전 권리 조항에 '아동이 성장하는 힘을 지닌 존재'라는 관점이 내포되었다. 실제로 세계 각처에서 이런 역량을 갖추고 활동하며 세상을 바꾸는 아동옹호가들을 만날 수 있다.

브라질 국적의 마이라 아벨라는 마약범죄 조직과 경찰 간의 전쟁이 극심한 가난한 지역에 산다. 그 지역은 너무나도 마약과 범죄에 노출되어 있어 마이라가 11살 때 학교와 병원문을 모두 닫은 적도 있다. 모든 아동은 안전한 환경에서 교육받고, 아플 때 치료받을 권리가 있는데 말이다. 하루는 한 소년이 쓰레기를 버리러 나왔다가 경찰의 총에 맞아 사망하는 사건이 생겼다. 그 아이가 흑인이라는 이유로 경찰이 범죄자로 단정한 것이다. 마이라는 경찰이 폭력을 자제하고, 학교 주변 순찰을 멈출 것을 촉구하는 비폭력 행진을 시작했다. '크루제이루'(Cruzeiro)라는 다큐멘터리 제작에도 참여했다. 그로 인해 가난한 슬럼가인 그녀가 사는 지역은 이전보다 훨씬 안전한 장소가 되었다. 이 공로로 마이라는 2008년에 국제아동평화상을 받았다.

캐나다 국적의 쉐릴 페레라는 10살 때, 노동과 성 착취를 당하며 사는 아이들이 있다는 사실을 알게 되었다. 자신의 선택과는 상관없이 노예처럼 살고 있는 아동이 200만 명 이상이 된다는 사실을 알고 화가 났다. 그녀는 스리랑카에 가게 되었고, 그곳에서 착취당한 아이들을 만나 도울 방법을 물었다. 아이들은 "우리의 이야기를 사람들에게 얘기해줘"라고 했다. 집으로 돌아온 쉐릴은 뜻을 같이하는 사람들과 힘을 모아 '원 차일드'(One Child)라는 기관을 만들었다. 상업적인 아동착취를 근절하는 캠페인을 전개하고, 착취 상태에서 탈출한 아이들을 상담해 가정을 제공하는 등 지속적으로 돕기 위한 비영리단체(NPO)다.

팔레스타인 국적의 마호메드 야바리는 팔레스타인과 이스라엘의 고통스러운 분쟁 상황을 아파하며 양국의 분쟁 현실을 이해하려 평화 캠프(Peace Camp)에 참석했다. 평화 캠프에 다녀온 후 그는 13살에 '국경 없는 젊은 기자단'을 창립, 팔레스타인과 이스라엘 사람들이 서로를 이해하고 자신들의 생각을 표현할 수 있는 저널리즘 기법을 알려주는 활동을 하고 있다.

도미니카 공화국 국적의 프란시아 시몬은 자신이 출생등록이 되어있지 않아 교육을 받지 못할 상황에 직면하게 된 후, 법적으로 존재하지 않는 아이들에 대한 의료 지원, 학교입학 서류 만들기 지원 활동을 펼치는 등 그들이 교육과 의료 혜택을 받을 수 있도록 돕고 있다. 프란시아는 2010년 국제아동평화상을 수상했다.

스웨덴의 한 소녀가 '세계를 바꾼다'는 명제 아래 활동을 시작했다. 2019년에 시사주간지 타임(TIME)은 2003년 1월에 태어난 이 아동을 '올해의 인물'로 선정했다. 2019년 노벨 평화상 후보로도 선정된 그레타 툰베리다. 그레타는 아버지의 영향으로 기후변화에 관심을 갖게 되어 8살 때부터 기후변화에 대한 공부를 시작했다. 그러나 공부를 하면 할수록 절망감에 빠졌다. 11살 때는 우울증을 겪으며 아스퍼거 증후군과 강박장애 및 선택적 함묵증이란 진단을 받는다. 그러나 이러한 증상과 상황을 극복하고 15살 되던 2018년 8월, 스웨덴 총선이 열리는 9월을 겨냥해 8월부터 9월까지 학교 등교를 거부하고 옹호활동을 활발하게 진행했다. 그 해 스웨덴은 262년 만에 가장 더운 여름을 경험했다. 기후위기가 심각했던 것이다. 그레타는 '기후를 위한 학교 파업'이라는 피켓을 들고 시위를 시작했다. 그리고 폴란드 카토비체와 다보스 포럼에서, 유엔 기후행동 정상회의에서 연설과 시위를 이어갔다. 2019년 9월 23일 툰베리의 유엔 기후행동 정상회의 연설문은 많은 사람들에게 기후변화의 심각성과 위기감을 심어주었다. 연설에서 그레타는 부르짖었다. "내가 느끼는 공포를 당신들도 느꼈으면 좋겠습니다. 그리고 바로 행동해 주면 좋겠어요. 위기에 처할 때, 우리는 바로 행동해야 합니다. 우리 집에 불이 났을 때 우리가 행동하는 것처럼 기후위기에 대처해 나가야 합니다. 지금 지구에 불이 나고 있습니다."

그레타는 지혜롭고 용감한 아동이다. 어리지만 공부하고 연구하며 느낀 대로 두려움 없이 말하고 행동했다. 아동은 미숙한 존재가 아니고 성장하는 힘을 가진 존재다. 미래에 성인이 된 후에야 사회 구성원이 되는 것이 아니라 오늘 현재 여기서 아동은 사회 구성원이고 사회활동가(Social Actor)다.

프란치스코 베라는 콜롬비아 국적의 인권옹호가이자 환경운동가로 알려진 소년이다. 프란치스코는 9살 때인 2019년에 아마존을 초토화시킨 산불을 보고 큰 충격에 빠져 자기라도 자연환경을 지키는 데 앞장서야겠다는 생각을 하게 되었다. 프란치스코는 그레타 툰베리의 활동에 영감을 받았다고 했다. 그는 자기가 사는 지역을 변혁(transforming)해야겠다고 다짐했다. 그 일을 지속적으로 수행하기 위해 2019년에 6명의 아이들과 함께 '생명 지킴이'(Guardians for

Life)라는 단체를 만들었다. 지금은 수백 명의 회원을 지닌 조직으로 성장, 콜롬비아의 환경운동에 적극적으로 참여하고 있다. 프란치스코는 환경 옹호 활동을 위해 제네바를 방문, 유엔인권대표인 볼케 튀르크(Volker Turk)를 만났다. 프란치스코는 튀르크 대표에게 생명 지킴이 회원들을 비롯해 3000명이 넘는 아동들이 서명한 '희망 환경'(Eco-Esperanza)을 전달했다.

한국 국적의 인권옹호가도 있다. 김도현은 초등학교 5학년인 12살 때부터 아동인권옹호 활동에 꾸준히 참여하며 아동들의 목소리를 세상에 알렸다. 2015년, '아동권리 스스로 지킴이'(CHILD VOICE)에 참여, 미등록 이주 아동의 출생등록 법제화를 위한 실태조사를 시작했다. 그는 정책제안을 위한 서명운동을 펼쳤고 필리핀 태생의 이자스민 당시 국회의원 보좌진과 인터뷰를 진행하며 정책제안서를 작성했다. 김도현은 2018년 대한민국 아동권리실태를 유엔아동권리위원회에 알리는 '5/6차 유엔아동권리협약 대한민국 이행 아동보고서' 집필진으로도 활동하였다. 과도한 학습 시간, 성적으로 인한 차별, 학업 스트레스, 교육 격차 등 한국의 아동인권 침해 상황을 세상에 알렸다. 그 후, 김도현은 청소년 기후행동, 위티(WeTee, 청소년 페미니스트 네트워크) 등의 단체에서 각종 사회 문제를 제기하고 그것들의 해결을 위한 활동을 활발히 진행했다. 오늘도 그는 '우리의 미래를 지킵시다'(Save Our Future)란 말이 적힌 피켓을 들고 시위하며 이렇게 말한다. "세상은 쉽게 변하지 않습니다. 그러나 꾸준한 움직임은 변화의 실마리를 만듭니다. 아동은 단순히 인권 침해 피해자가 아닙니다. 인권 문제의 당사자로 해결의 주체가 될 수 있습니다. 아동은 '변화를 만드는 사람'이란 정체성을 지녀야 합니다."

2023년 8월 15일 자 한국일보에 "미국 청소년들, 주 정부와의 기후소송에서 이겼다. 법원이 '깨끗한 환경에서 살 권리'를 처음으로 인정했다"란 제목의 기사가 실렸다. 많은 사람들의 시선이 집중된 기사는 다음과 같다.

"미국 몬태나 주의 청소년들이 주 정부를 상대로 3년간 벌인 기후소송에서 승리를 거머쥐었다. 주 정부가 기후 변화를 고려하지 않고 화석연료 개발을 승인해 '깨끗한 환경에서 살아갈 권리를 침해당했다'는 이들의 주장을 법원이 받아들인 것이다. 재판부는 미국에선 처음으로 기후를 '헌법적 권리'로 인정하며 몬태나 주 정부 정책에 위헌 판단을 내리기도 했다. 몬태나주 지방법원 캐시 실리 판사는 '온실가스 감축을 고려하지 않은 몬태나 주 정부의 정책은 주 헌법에 위배된다'고 선언했다. 실리 판사는 '원고들은 깨끗하고 건강한 환경에 대한 근본적인 헌법적 권리를 갖고 있다. 기후는 '생명유지 체계의 일부'라고 밝혔다. 건강한 기후 환경은 헌법적 권리에 해당한다는 뜻이다."

05

아동인권옹호가가
되기 위한 교육훈련

김인숙

아동인권옹호의 시작,
유엔아동권리협약

출근길 전철 안에서 『일용할 양식』(Daily Bread)을 읽었다. 우리 몸이 매일 양식을 먹고 건강하듯 정신과 영혼도 일용할 양식이 필요하다. 2021년 12월 16일 아침에 받은 일용할 양식이 전하는 메시지는 이렇게 시작되었다.

"다섯 살 난 혼혈 아들과 함께 아이스크림 가게에 들어가자 카운터 안쪽에 있던 남자 점원이 나를 슬쩍 보고는 내 아이를 빤히 쳐다보았습니다. 거친 말투로 '넌 뭐니?'라고 물어보는 그의 질문은 내가 이 사회의 주류가 아닌 멕시코계 미국인으로 자라면서 경험했던 너무나 익숙한 분노와 아픔을 다시 불러일으켰습니다."

나는 이 글을 읽으면서 생각했다. 아이스크림 가게에 들어온 엄마와 아들은 둘 다 유색 인종이다. 가게 점원은 주류가 아닌 주변인이란 이유로 모자를 무시하는 매우 부적절한 태도를 보인다. 그런데 왜 두 사람을 향해 "너희는 뭐냐?"라고 묻지 않고 유독 다섯 살 난 아이에게 "넌 뭐니?"라고 물었을까? 두 사람 모두 주변인이고 약자지만 가게 점원의 눈에는 다섯 살 아동이 더 주변인이고 더 약자로 보인 것인가? 아이는 무례한 말로 언어폭력을 당해도 괜찮다는 걸까? 가게 점원은 다섯 살 아이에게 이중 차별을 했다. 첫 번째로 백인과 유색인을 차별했고, 두 번째는 어른과 아이를 차별했다! 세상에서 일어나는 모든 인간관계는 상대방을 어떤 존재로 보느냐에 따라 다양한 형태로 만들어져 간다고 했다. 맞는 말이다. 다섯 살의 작은 아이에게 "넌 뭐니?"(What are you?)라고 거칠게 질문했다면 이는 아동이 어떤 존재인지 몰라서 던진 언어폭력이요, 무지의 소산이다. 아이가 인간이며, 따라서 인간이 지닌 존엄함(Dignity)을 존중받아야 하는 소중한 존재임을 부정하는 질문이다. 가게 점원이 이 아이가 어떤 존재인지 알았더라면 "넌 누구니?"(Who are you?)라고 묻거나, 좀 더 관심을 표하고 싶다면 다정하게 "이름이 뭐예요?"라고 친밀하게 말했을 것이다.

인간의 역사는 인권의 역사라 한다. 미국은 수많은 인종이 함께 모여 사는 특별하고 거대한 나라다. 미국의 역사는 인종차별의 자취를 기록하고 있다. 미국뿐 아니라 전 세계 어떤 나라도 이러한 차별과 편견에서 자유로운 나라는 없다. 아동을 바라보는 관점의 변화역시 긴 역사를 지닌다. 고대사회에서 아동은 종족 보존의 수단이거나 노동력 확보의 대상이었다. 중세기에 아동은 군사력 확보를 위한수단이었다. 그러다 근세에 이르러 비로소 아동을 바라보는 관점이 조금씩 변화되기 시작한다. 비로소 20세기를 '아동의 세기'라 부르며 아동과 아동기의 중요성을 연구하는 사람이 늘어나면서 아동을 존재론적으로 인식하게 된다. 이때부터 아동을 옹호하고 아동의 권리를 주장하는 선구자들의 활동이 시작되었다.

100여 년 전, 한국 땅에 아동옹호 사상이 발현되었다. 한국의 대표적인 아동인권옹호가 소파 방정환은 아동을 '누구'(Who)로 보지 못하고 '무엇'(What)으로 보던 당시에 아동문학가로 활동하면서 아동인권을 옹호하는 선구자가 되었다. 이미 100여 년 전에 아동 존중 사상을 펼치고 동료들과 함께 '어린이 날'을 선포, 아동이 존엄하고 소중한 존재임을 알렸다. 그는 아동인권옹호활동을 "아동이 어리다고 함부로 대하지 말고 예를 갖추자"고 호소하는 것으로 시작했다. 어린이들에게 존칭어를 쓰자고 했다. 어린이들이 고요히 배우고, 잘 놀고 잘 자는 것, 운동하는 것이 부족하지 않도록 해야 한다고 했다. 20세기 초반에 한국에서도 아동을 바라보는 관점의 변화와 함께 아동의 존재에 대한 인식을 새롭게 하는 변화가 시작됐던 것이다.

같은 시대에 레바논 베챠리에서 태어난 철학자 칼릴 지브란(1883~1931)은 그의 저서 『예언자』에서 아이들을 대하는 태도에 대하여 일갈한다.

"그대들의 아이라고 해서 그대들의 아이는 아닌 것,
아이들이란 스스로 갈망하는 삶의 딸이며 아들인 것,
그대들을 거쳐 왔을 뿐 그대들에게서 온 것은 아니다.

그러므로 비록 지금 그대들과 함께 있을지라도 아이들은 그대들의 소유
가 아닌 것을,

아이들에게 사랑을 줄 순 있으나 그대들의 생각마저 줄 순 없다.

왜냐하면 아이들은 아이들 자신의 생각을 가졌으므로."

칼릴 지브란의 글을 통해 아동은 존엄한 존재일 뿐 아니라 누구에
게 속하거나 소유된 존재가 아닌 온전히 자유롭고 유일하며 독립된
인격체임을 명확히 인식하게 된다.

1923년 영국의 에글렌타인 젭이 선포한 아동권리선언문의 5개 조
항은 1924년 국제연맹(League Of Nations)이 '제네바 선언문'으로
채택하면서 세계 최초의 아동권리선언문이 된다. 1959년에는 5개
조항이 10개 조항으로 확장된 세계아동권리선언문이 유엔에서 채
택된다. 1979년에는 유엔이 그 해를 '세계 아동의 해'로 정하면서 아
동의 인권을 선언이 아닌 법적 효력이 있는 협약으로 만들기 위한
실무그룹이 조성됐다. 이후 10년간의 제정 과정을 거쳐 1989년 11
월 20일 유엔아동권리협약이 유엔총회에서 만장일치로 채택됐다.

협약의 제정과 채택은 전 세계 아동의 신분에 큰 변화를 가져왔
을 뿐 아니라 그들의 삶의 질을 개선하는 중요한 계기를 만들었다.
협약은 단순한 선언이나 선포가 아닌 법적인 구속력을 지닌 법적 문
서다. 협약은 법적·도덕적으로 최소한의 기준을 제시하는 아동권
리 준거의 틀이다. 협약은 전문(Preamble)을 통해 아동은 인류의 구
성원으로서 누릴 그들의 존엄과 평등, 그리고 양도할 수 없는 권리

를 인정받아야 하며 아동기에 특별한 보호와 돌봄을 받을 권리가 있음을 천명하고 있다. 20세기 초에 활동한 아동인권옹호 선구자들의 아동존중 사상이 1989년 유엔아동권리협약의 초석이 되었다.

협약은 지켜야 하지만 못 지켜도 어쩔 수 없는 선언이 아니다. 협약은 반드시 지켜야 하는 법적 구속력을 지닌 국제적 약속이다. 협약의 제정과 채택 자체가 이행과 실천을 담보로 하는 약속이기에 아동인권옹호 활동을 통한 의무 이행자들의 책무이행이 구체화되기 시작했다. 이를 통해 아동의 삶의 질에 변화가 이뤄졌다. 협약은 전문과 3부로 구성된 54개 조항의 국제법이다. 대한민국 헌법 제6조에 근거하여 유엔아동권리협약이 국내법과 같은 효력을 가지므로 국내에서도 아동권리의 보호, 존중, 실현의 준거가 된다.

협약 제1부는 1조부터 41조까지로 아동권리의 실질적 규정을 명시한다. 제2부는 41개의 아동권리규정을 어떻게 실현할 것인지, 그 이행과 성과를 어떻게 심의할 것인지, 누가 심의할 것인지 등 협약의 이행과 모니터링에 관한 규정을 담고 있다. 마지막 제3부는 협약과 관련된 기타 정보를 담은 부칙으로 되어있다. 아동권리의 보호, 존중, 실현을 위해서는 제1부를 구성하는 41개 조항을 숙지하고 이를 준거로 아동권리옹호 활동을 계획하고 추진하면 된다. 진정한 옹호 활동은 아동권리협약을 준거로 시작되며 일회성이 아닌 지속 가능한 방향으로 기획하고 이행함으로써 옹호 활동의 영향력이 확장된다. 유엔아동권리협약이 아동권리의 준거가 되기에 아동권리옹호 활동의 지속가능성은 분명히 보장된다.

협약 제1부의 41개 조항에는 아동에게 반드시 실현되어야 하는 생존권, 보호권, 발달권, 참여권 등 아동의 4대 기본권이 들어 있다. 아동의 기본권은 아동이 어떤 상황, 어떤 환경에 처한다 해도 반드시 보장되어야 하는 아동의 권리다. 협약의 기본권은 4개의 일반원칙인 비차별의 원칙, 생존과 생명 발달의 원칙, 아동 최상 이익의 원칙, 아동 견해 존중의 원칙이 포괄적으로 작동할 때 비로소 실현 가능해진다. 협약은 기본권과 일반원칙을 협약의 중심내용으로 담으면서 제1조에서 아동이 누구인지 정의를 내려준다. 아동권리의 실질적 규정을 내리기 전에 첫 번째 조항에서 '누구를 아동이라 부를 것인지'를 먼저 규정한다. 협약은 전문을 통해 아동은 인류의 구성원으로 인간의 존엄성을 존중받아야 하며 평등하고 양도할 수 없는 권리가 보장돼 있음을 강조한다. 그리고 아동기에는 특별한 보호와 돌봄을 받을 권리가 있다고 명시한다. 협약은 전문에서 아동의 존재론적인 정체성을 분명히 규명한다. 전문에 이어 협약 제1조는 "아동은 만18세 미만의 모든 사람을 말한다"라고 법적 연령을 명시하고 있다. 아동의 기본권 보장과 일반 원칙 간의 상호 관계는 매우 밀접하다.

협약 제2조에 명시되어 있는 비차별의 원칙은 아동권리 전반의 보장과 절대적인 관계를 갖고 있다. 유엔아동권리협약을 비준해 협약에 명시된 모든 조항을 보호, 존중, 실현할 것을 굳게 약속한 국가(당사국)는 "아동이나 그 부모의 인종, 피부색, 성, 언어, 종교, 정치적 견해 또는 기타 의견, 민족적, 인종적, 사회적 출신, 재산, 장애,

탄생, 신분 등의 차별 없이 본 협약에 규정된 권리를 존중하고 모든 아동에게 이를 보장해야 한다"라고 협약 제2조에 명시되어 있다.

엄마와 함께 아이스크림 가게에 들어온 다섯 살 아이는 혼혈이고 유색 인종이다. 그 아이를 빤히 쳐다본 가게 점원은 거친 말투로 아이에게 "넌 뭐니?"라고 물었다. 이 경우 가게 점원은 협약 제2조를 위반했다. 이 조항을 위반함으로써 한 아동과 그 부모의 권리를 침해했다. 아무 잘못 없는 아동을 함부로, 무례하게 대했다. 어릴 때부터 같은 이유로 긴 세월 차별받고 무시당한 경험을 가진 아동의 부모는 가게 점원의 무례함에 당황하고 분노한다. 대한민국의 첫 번째 아동권리선언문을 선포한 소파 방정환은 어린이 권리공약 3장 제1항에서 이렇게 천명한다.

"어린이를 재래의 윤리적 압박으로부터 해방하고 그들에게 완전한 인격적 예우를 하라."

소파 방정환과 동시대를 살았던 폴란드의 야누시 코르차크는 아동인권을 보장하기 위해서는 법적 구속력이 없는 선언으로는 부족하다고 강력히 주장해 아동권리선언문이 법적 구속력을 담보하는 국제적인 약속인 유엔아동권리협약으로 만들어지는 데 크게 기여했다. 코르차크는 "아동에게 필요한 것은 오직 한 가지, 사랑받고 존중받는 것이다. 아동에게는 존중받을 권리가 있다. 존중받고 보호받으며 자란 아동은 다른 사람을 존중하고 아끼는 방법을 배우며 사회에 이바지하는 사람으로 자라게 된다"고 주장했다.

아동인권옹호가는 자신의 명예나 이익을 위해 일하는 사람이 아니다. 오롯이 타인, 남을 위해 헌신하는 사람이다. 특히 가장 작은 자들의 권리가 침해되고 유린되는 것을 발견하고 문제를 제기하며 뜻을 같이하는 사람들과 연대해서 해결 방안을 찾아 나감으로 세상을 조금씩 바꾸는 사람들이다. 아동인권옹호가는 누구의 잘못을 지적하고 비난하는 사람이 아니다. 작은 자인 아동의 문제를 그들 편에서 보고 공감하며 함께 풀어가도록 애쓰는 사람이다. 혼자서는 감당하기 어려운 사회적 이슈를 결코 간과하지 않고 뜻을 같이 하는 이들과 함께 풀어가는 사람이다.

아동옹호활동은 자기의 이익을 추구하는 것이 아닌 고귀한 가치를 실현하는 일이기에 뜻을 같이하는 사람들과의 연대가 필수다. 소중한 가치관을 삶의 현장에서 실현하려는 투철한 사명감, 그리고 열정과 헌신의 마음, 겸손한 자세를 갖고 가장 작은 자들 편에 서야 한다. 아동을 존엄한 인격체로 바라보고 인정하는 것, 아동에게 예의를 지키며 부드럽게 말을 거는 것 등 아주 작은 몸짓으로부터 아동이 살기 좋은 세상을 만드는 일이 시작된다는 것을 기억하자. 아동인권옹호활동은 특별한 사람이 하는 일이 아닌, 누구나 할 수 있는 일이다.

인권감수성이란 무엇인가?

아동인권옹호 전문가를 위한 인권교육 훈련을 준비하려면 많은 시간이 걸린다. 당초에 누군가에 의해 만들어진 교재나 교구가 없다. 훈련에 필요한 사례나 자료는 더더욱 없다. 처음부터 찾고 개발해야 한다. 무엇을, 누구에게, 어떻게 가르칠지 결정되면 개발자들은 다양한 자료를 모아 콘텐츠를 구성하게 된다. 인권 관련 지식과 정보를 모아 콘텐츠화하는 작업은 별로 어렵지 않다. 그러나 교육 내용을 머리에서 가슴을 통해 행동으로 이동하게 하는 연결고리를 찾는 기술에는 경험을 기반한 지혜가 필요하다. 무엇보다도 아동인권옹호가의 기본이 되는 '인권감수성 향상을 위한 교육'을 위해서는 특별한 연구와 사전 실험이 요구된다. 누구도 가르쳐 주지 않는다. 아무리 인권이나 아동인권 관련 지식과 정보를 많이 가졌다 해도 그것을 실천하고 실현하는 것은 별개의 문제다. 인권의 실현은 지식의 많고 적음에 있지 않다.

아동인권의 준거인 유엔아동권리협약이 유엔총회에서 채택될 당시 제일 먼저 주창된 슬로건이 있다. 바로 "협약은 미사여구로 장식된 법조문이 아니기에 이행이 필수고 실현이 궁극적 목적이다"라는 것이다. 인권의 개념을 잘 알고 정보와 지식도 풍부한데 실제로는 인권 친화적이지 않거나 인권을 삶에서 적용·실현하는 데 실패하는 경우가 많다. 그것은 지식이 지식으로만 남아 있기 때문이다. 앎이 삶으로 이어지지 못하는 것은 느낌 즉 감정의 문제, 마음과 의지의 문제가 있어서다. 느낌이란 어떤 사안을 보거나 맞닥뜨렸을 때 받는 처음의 감정을 말한다. 누군가로부터 차별을 받거나 부당한 대우를 받을 때, 그런 것들을 볼 때 어떻게 느끼는가는 인권감수성의 예민함과 관련이 있다.

한국인들은 느낌을 제대로 표현하지 못하는 경향이 있다. 영화를 함께 본 친구에게 느낌이 어땠는지 물으면 놀랍게도 동문서답을 한다. 그저 영화를 평가하고 분석하며 해설한다. 느낌을 물으면 느낌을 말해야 하는데 느낌대신 평가와 분석을 하는 것이다. 때론 느낌을 중요하게 생각지 않거나 느낌을 무시하기도 한다. 한국인은 대체로 감정을 드러내기보다는 감추는 경향이 있다. 특히 유교 문화에 깊이 영향받은 어른들과 여성들에게 그런 현상이 강하게 나타난다. 자신의 감정을 솔직하게 말하는 데 익숙지 않다. 명확하지도 않다. 아동인권문제에서 느낌이 중요한 이유는 우리가 어떤 사안을 볼 때 느끼는 감정이 인권 침해 여부를 진단하고 아동인권옹호 활동을 시작하는데 동기(Motive)가 될 수 있기 때문이다.

인권감수성이란 무엇인가? 인권감수성은 인권에 대한 지식, 기술, 태도가 아니다. 어떤 사람 혹은 아동에게 문제가 생겼을 때 그 사안이 품고 있는 인권 문제를 인지하고 해석할 수 있는 능력이 있는 사람을 인권감수성이 민감한 사람이라고 말한다. 우리 모두의 인권 수준을 높이기 위해서는 인권의 철학적·법적 지식 습득이 가장 중요하다고 생각하기 쉽다. 맞는 말이다. 그러나 그에 못지않게 필요한 것은 어떤 사안에 내포된 인권의 문제를 보는 안목이나 통찰력이다. 한 사람이 타인, 특히 가장 작은 자나 힘없는 자에게 가한 행동이 당사자에게 미칠 영향을 느끼고 공감하면서 그 상황을 바꾸고 문제를 해결해야 할 책임이 다른 사람이 아닌 나 혹은 우리에게 있다고 느끼는 심리적 과정이 인권감수성의 민감함이다. 조금 더 쉽게 표현하면 인권감수성은 우리가 사는 일상에서 마주하게 되는 타인의 상황에 대한 공감 능력이다.

인권을 아동인권으로 바꾸어 말한다면 아동인권감수성이란 어떤 아동이 만난 상황을 보고 단순히 '기쁘다, 불쾌하다, 슬프다, 즐겁다'는 식으로 느끼는 것이 아니라 자유, 평등, 존엄, 다양성의 측면에서 그 아동의 상황에 공감하는 능력이다. 보편적 인권의 가치인 자유, 평등, 존엄, 다양성이 인정되거나 보호받지 못하고 침해될 때, 그것을 명확히 보고 문제를 제기할 수 있는 공감 능력을 지닌 자를 아동인권감수성이 민감한 사람이라고 말한다.

평범한 이야기나 재미있는 영화, 잘 기록된 신문 기사를 접할 때 그 내용 속 어느 장면, 대화나 글, 또는 등장인물의 행동에 왠지 화가 치밀고 몹시 불쾌하고 불편함을 느끼는 경우가 있다. 신문 기사나 영화, 어떤 이야기에 화가 나고 슬프고 불편하며 가슴 먹먹함을 느낀다면 왜 그런 느낌이 드는지 살피며 원인을 분석해 봐야 한다. 단순히 눈에 보이는 현상적인 이유만으로 화가 나고 마음이 먹먹할 수 있다. 그러나 좀 더 깊이 문제를 파고들면 우리 사회에 깊이 뿌리 내린 구조적인 문제 혹은 시스템의 문제로까지 원인이 확장되기도 한다. 그러면 그 문제가 누구로부터 혹은 무엇 때문에 발생되었는지 찾아낼 수 있게 된다. 원인을 분석해 보면 하나의 먹먹한 사건이 우리 모두의 책임과 무관하지 않음을 알게 된다.

하지만 좀 더 구체적인 책임 소재를 밝혀야만 한다. 그래야만 문제 해결을 위한 길을 찾을 수 있다. 문제 해결을 위해 인권옹호 활동을 하거나 옹호 사업을 구상하고 기획하게 된다. 대부분은 혼자서는 해결하기 어렵고 뜻을 같이하는 조직이나 개인들과 연대하여 현상적인 원인과 뿌리 깊은 근원을 함께 규명하고 책임 소재를 밝혀 의무이행자에게 책무성을 강화하도록 촉구할 수가 있다. 원인 규명을 통한 문제분석 과정을 거쳐야 비로소 진정한 인권 침해 문제의 해결 방안을 찾게 된다. 인권감수성이 민감한 사람은 일반 사람들이 무심히 지나치는 문제를 보고, 다른 사람들이 미처 느끼지 못하는 것을 느끼며, 인권 침해의 근원을 찾아내어 해석하고 해결방안을 찾아 접근해 들어가는 공감 능력을 발휘하게 된다.

2022년은 대한민국이 어린이날을 제정한 지 100주년을 기념하는 해였다. 다시 말하면 대한민국이 아동의 권리 보장을 위해 애쓰고 수고한 역사가 100년이 되었다는 의미다. 소파 방정환이 어린이날을 선포하고 대한민국의 아동권리선언문이라 할 수 있는 '어린이 공약 삼장'을 발표한 지 꼭 100년이 되었다는 의미다. 그러나 지난 100년의 한국의 아동권리 역사를 보면 우리나라 아동인권은 특정 종교의 철학적 사상이나, 인간의 측은지심으로 인한 자선활동, 전쟁고아를 살리는 구호(Relief) 활동, 그리고 아동의 욕구를 기반으로 하는 개발 사업으로 아주 천천히, 점진적으로 변화하며 발전해왔음을 알수 있다.

진정으로 아동의 존재론적인 존엄함이 존중되고, 아동은 그 누구의 소유가 아닌 독립된 인격체로서 스스로 선택하고 결정하는 진화능력의 소유자로 살아가는 존재임을 선언하며 함께 지키도록 촉구하기 시작한 것은 1989년 유엔아동권리협약이 유엔총회에서 채택된 지 2년 후 1991년 한국정부가 협약에 비준하면서부터다. 아동이 보호의 대상일 뿐 아니라 권리의 주체임을 명확히 천명한 협약은 아동권리의 준거로서 모든 국내법과 정책, 그리고 제도와 사업에 영향을 미치기 시작했다.

우리나라 아동인권의 역사는 길지 않다. 특히 한국의 인권의식은 높지 않은 편이다. 그럼에도 시대 변화에 따라 인권의식은 점진적으로 증진되어 왔다. 해방 이후 한국에는 관료적인 권위주의 정부가 세워져 인권 보장은 요원한 일처럼 보였다. 그러다 1980년대 후반, 시민운동과 민주화 운동으로 인해 정치의식이 높아지기 시작했다.

그럼에도 최근에 돼서야 전통적이고 권위적인 질서로부터 시민적 권리와 의무를 강조하는 시민사회로의 진입이 시작되었다. 인권의식이 조성되기 시작한 초기에는 법적·정치적·철학적 논의에만 치중되어 인권을 삶에 적용하는 개념으로 이해하지 못했다. 인권의식을 가져야 한다는 개념 자체가 널리 확산되지 못했다. 교육 영역에서도 인권교육이란 이름으로 교육이 진행되기는 했으나 앎이 삶이 되어야 하는 인권교육이나 훈련은 전무 한 상태였다. 인권에 관한 철학적이고 이념적인 면에는 많은 관심을 보였으나 인권이 일상의 삶 속에서 어떻게 적용, 실현되어 변화를 만들어 낼 수 있을지에 대한 깊은 이해는 없었다.

국제아동 NGO는 유엔아동권리협약의 유엔총회 채택 직후부터 한국 사회에 협약을 알려 아동인권에 대한 대중의 인식을 증진하고, 교육 훈련을 통해 협약의 내용을 현장에서 살아내게 해야만 변화가 일어남을 인식했다. 그래서 적극적으로 협약 내용을 전파하는 데 진력했다. 국제 아동 NGO에서 일하고 있었기에 필자는 누구보다 먼저 아동인권교육 훈련 교재를 접할 수 있었고 국제사회의 전문가들로부터 어떻게 인권을 가르칠지, 어떤 자료를 활용하고 개발할지에 대한 다양한 기법을 배울 수 있는 특권을 누렸다. 1995년에 아프리카 모리셔스에서 열린 세이브더칠드런 국제연맹 총회에서 유엔아동권리협약훈련 키트(Training Kit on UN Convention on the Rights of the Child)를 활용해 다양한 대상에게 다양한 방법으로 유엔아동권리협약을 교육 훈련할 수 있는 강사양성 과정을 마치고 연맹이 수여하는 수료증을 받은 것도 큰 행운이었다. 그 후로 국내에서 다양한 대상에게 아동인권교육훈련 프로그램을 진행할 수 있었다.

2005년 법무부 인권국이 신설되었는데 2006년 7월 법무부 인권국 사무관 한 분이 우리 기관을 방문했다. 그는 법무부 보호직 공무원들을 위한 인권교육을 맡길 기관을 찾고 있다고 했다. 유네스코와 유니세프 등 유엔기구에 직접 문의했는데 세이브더칠드런을 추천했다면서 법무부 보호직 공무원들을 위한 인권교육 훈련을 맡아서 진행해 달라고 했다. 그동안 국내에서 많은 교육 훈련을 맡아 수행하고 있었으나 법무부 사무관의 요청은 부담되었다. 선뜻 답을 줄 수가 없었다. 특히 당시 우리의 교육 진행 교수법이 법무 공무원들에게 적합한 교육 방식이 아니라는 생각에 더욱 조심스러웠다.

우리가 진행하는 인권교육은 지식을 전달하는 주입식 교육이 아니다. 참여자 중심의 유연한 교육 훈련이다. 강사가 중심이 아니라 피교육자의 적극적인 참여가 중심이 되는 교육이다. 우리의 교육은 '민주주의 참여식' 교육으로 당시엔 일반인들도 쉽게 적응하지 못하는 교육 방식이었다. 관료적이고 경직된 법무 공무원들에게는 적용되기 어려운 교육 기법이라 생각되어 사무관에게 교육 내용과 교수법을 상세히 설명했다. 그러나 사무관은 계속 교육을 부탁했다. 그동안 NGO 활동가로서 민관 협력사업을 많이 수행해 왔으나 공무원이 직접 NGO 사무실을 찾아와 협의하고 요청하는 경우는 처음이었다. 기이한 생각이 들었고 일말의 희망을 품게 되었다.

우리는 2006년부터 법무부와 함께 보호직 공무원을 대상으로 교육훈련 프로그램을 개발하여 4년간 계속 인권감수성 향상을 위한 인권교육훈련 워크숍을 진행했다. 교정직 공무원을 시작으로, 소년보호직, 보호관찰관 등 공직을 수행하는 다양한 분들과 함께 고민하고 함께 배우며 민주주의 참여식 교육으로 인권교육 워크숍을 진행했다. 그때 우리가 시도한 교육 훈련의 제목이 '인권감수성 향상을 위한 교육프로그램 개발'이었다. 법무부 공무원과 4년간 지속한 교육 훈련 프로그램을 마친 후, 그때 얻은 자신감과 경험을 바탕으로 2014년부터 8년간 한국의 대형 아동 NGO의 전문 사회복지사를 대상으로 아동인권교육 훈련 프로그램을 개발, 워크숍을 성공적으로 진행할 수 있었다. 그때 교육 훈련 워크숍의 제목은 '옹호 민감성 향상 교육'이었다.

참여권 증진을 위한
아동과 일꾼이 함께하는 훈련

지난 수년간 한국의 아동복지를 대표하는 대형 아동 NGO에서 일하는 종사자들 대상으로 '옹호 민감성 향상 교육'이란 주제로 아동인권감수성 향상 워크숍을 진행했다. 다양한 직군으로 나뉘어 일하는 아동 NGO 종사자 가운데 교육 훈련에 참여한 이들은 복지사업 직군과 아동옹호 사업 직군이 주류를 이루었다. 특히 아동복지 직군은 아동과 아동이 처한 환경을 잘 알며 그들을 돕는 일에 선두주자로 일해 온 아동복지 전문가들이다. 대부분 현장 경험이 많고 역량 있는 한국의 전문 사회복지사로 성장하는 일꾼들이다.

그런데 그들은 아동인권옹호가를 양성하는 교육 훈련 워크숍 과정을 수료한 이후로 아동과 일하는 일이 더 힘들어졌다고 호소한다. 아동복지 전문가로서 그동안 별 어려움이나 불편함 없이 탄탄대로를 달려온 복지 전문가들인데 왜 아동인권교육 훈련과정을 마친 후 현장에서 아동과 일하는 것이 더 어렵게 되었을까? 그동안에 잘해온 일인데 말이다.

한국의 사회복지 역사는 그리 길지 않다. 사회복지사업을 하는 대형 아동 NGO에서는 한국에서 사회복지 활동을 처음 시작한 1세대와 그 뒤를 이은 2세대가 공존한다. 최근 국제적으로 권리에 기반한 사업이 주류화되면서 한국의 사회복지사업의 패러다임도 변하기 시작했다. 21세기 한국 사회에 필요한 아동복지의 새로운 모습에 관심을 기울인 학자들의 연구 성과물이 대학교재에 반영되어 대학 강의실에도 변화가 일어났다.

한국 사회복지계의 다음 세대는 복지사업과 활동의 접근 방법에서 변화를 요청받고 있다. 유엔아동권리협약에 기반한 새로운 아동권리 인식이 정착되고 아동복지의 목표와 실천원칙도 유엔기구와 국제사회의 동향에 맞추어 바뀌고 있다. 그동안에는 보호가 필요한 아동 중심으로 선별적인 아동복지 서비스가 제공되었다. 이제는 선별적 아동복지 서비스에서 보편적 서비스로 확대되는 방향으로 전환이 이뤄졌다. 아동이 어떠한 차별도 받지 않고, 아동 누구나 국가로부터 양질의 복지 서비스를 받도록 함으로써 '아동 최상의 이익의 원칙'이 실현되도록 아동복지 사업이 발전되고 있는 것이다. 자선사업 형태와 욕구 중심 접근의 아동복지 사업이 아동권리에 기반한 접근으로 전환되는 시점이다.

국가의 아동 정책에도 변화가 일어났다. 2000년대 초반, 내가 대학에서 아동복지 과목을 강의할 때, 이미 아동복지 패러다임을 바꾼

학자들의 교재를 찾아 가르칠 수 있어서 반가웠고 도움이 되었다. 비단 한국뿐 아니다. 아동을 바라보는 관점이 달라지고 그들을 대하는 태도와 자세에 변화가 일어나고 있는 것이 세계적인 동향이고 추세다. 유엔아동권리협약이 채택되고 세계 196개 나라가 협약 이행을 약속하며 비준함에 따라 아동복지 사업의 패러다임과 함께 접근법과 전략, 정책이 달라지고 있다. 아동복지 전문가들 사이에 아동인권감수성 향상을 위한 교육과정을 이수해야 한다는 의무감이 들게 되어 아동인권교육 훈련에 대한 수요도 늘어나는 추세다.

최근에 아동인권감수성 향상 워크숍을 진행한 아동 NGO는 오랫동안 아동복지계에서 선두주자로 달려온 기관이기에 세계적인 추세와 동향에 맞추어 조직 내 아동복지 사업의 패러다임을 발 빠르게 바꾸기 시작했다. 유엔아동권리협약을 준거로 모든 아동복지 프로그램을 아동의 기본권과 일반원칙을 기반으로 설계했다. 아동복지 사업도 아동권리 프로그래밍(Child Rights Programming)으로 재구성됐다. 아동권리 프로그래밍은 사업의 계획과 이행, 그리고 모니터링과 평가에 이르는 전 과정에 아동을 중심에 두고 아동과 함께 설계하는 것이다. 그래서 아동을 위한 사업 활동 전 과정에 아동의 참여가 필수임을 배우고 동의하였기에 복지사들이 실제로 현장에서 아동과 일하는 것이 더 어려워진 것이다. 이것은 사회복지사들의 긍정적인 깨우침이다. 또한 현장에서 다분히 일어날 수 있는 복지사와 아동 간의 미묘한 갈등에 대한 고백이기도 하다. 이것은 변화를 견인하는 아동인권교육 훈련의 바람직한 성과이기도 하다.

한국의 대형 아동 NGO들은 대부분 1950년 한국전쟁을 전후해 자선적인 구호 활동을 펼쳤다. 이들 NGO의 전신이 대부분 국제 NGO의 한국 지부다. 현재 한국에서 활동하는 대형 아동 NGO의 종사자들은 대부분 전문 사회복지사로 훈련되고 준비된 경험 많은 일꾼들이다. 그동안 아동을 바라보는 이들의 관점은 한마디로 '보호'에 집중되어 있었다. 사실 한국전쟁 직후의 아동복지 상황은 열악했다. 한국전쟁의 상황은 아동을 보호의 대상 이상으로는 생각할 수 없게 만들었다. 또한 한국 사회의 오랜 전통과 관습에 의해 아동에게는 보호와 돌봄이 절대적이었기에 적절히 보호되고, 필요한 것이 제공되면 만족하는 수준이었다.

그러나 유엔아동권리협약은 아동이 보호의 대상일 뿐 아니라 '권리의 주체자'임을 명시한다. 협약은 아동이 인간의 존엄성을 존중받는 소중하고 존귀한 존재라고 천명하고 있다. 특히 협약 제12조는 아동은 자신의 삶에 영향을 미치는 모든 사안에 자기의 의견을 표명할 권리가 있다고 규명한다. 또한 표명된 의견은 들려지고 비중 있게 다뤄져야 한다고 강조한다. 현장의 사회복지사에게 '보호 대상'인 아동과 일하는 것과 '권리주체자'인 아동과 일하는 것에는 큰 차이가 있다. 복지사가 아동에게 접근하는 방식, 아동을 대하는 태도와 자세가 달라진다. 아니, 반드시 달라야 한다.

2002년 5월, 뉴욕에서 역사상 처음으로 유엔아동특별총회가 열렸다. 유엔아동권리협약이행 10년의 성과를 가늠해 보려는 의도로 2001년 9월에 뉴욕에서 열도록 계획된 특별총회였다. 그러나 예기치 못한 미국 뉴욕 9·11 테러 사건으로 인해 연기되어 그다음 해인 2002년 5월에 열린 것이다. 세계 각지에서 아동 대표들이 참석했다. 국가의 관련 기관 대표들과 아동 NGO 대표들, 그리고 아동 관련 다양한 분야의 전문가와 옵서버들이 아동들과 함께 자리했다. 지금도 잊을 수 없는 것은 당시 특별총회에 온 아동들의 적극적인 참여와 진솔한 생각, 의견들이다. 그들은 당당하게 외쳤다. "어른들은 유엔 아동권리협약 이행 10년간 아동을 위한 다양한 활동의 성과가 있었다고 보고했다. 그러나 왜 어른들은 우리를 위한 일들을 우리 없이 결정하고 시행하는가?" 아동들의 진정성 담긴 당찬 목소리였다. 왜 아동에게 묻지도 않고 어른들 마음대로 아동의 문제를 결정하느냐는 것이었다. 아동들은 자신들의 목소리가 국제사회에 명확하게 들려지는 중요한 계기를 스스로 만들었다. 역사상 처음으로 열린 유엔 아동특별총회는 아동들과 아동인권 향상을 위한 의미 있는 총회가 되었다.

필자 역시 유엔아동권리협약 이행을 위해 일하는 사람으로 자처해 왔지만, 유엔아동특별총회에서 아동들의 진솔한 목소리를 듣고 많이 놀랐다. 아이들이 나에게 묻는 것 같았다. 그곳에서 만난 아동들은 당시 필자가 한국에서 만나던 아동들과 매우 달랐다. 그들은 자기의 권리를 알고 있었고, 자기들의 삶에 영향을 주는 모든 사안에 자신의 의견을 표명할 줄 알았으며, 참여권을 행사할 줄 아는 훈련된 모습을 보였다.

협약의 4대 기본권 이행을 논할 때, 아동이나 전문가, 현장 복지사 모두 "한국 아동들에게 참여권 증진은 머나먼 길"이라고 입을 모은다. 그만큼 우리 사회에서 아동이나 아동과 일하는 사람 모두 참여권 실현을 힘들어했다. 우리 사회는 유교 문화에 크게 영향을 받았다. 자기 목소리를 내는 문화가 아니다. 특히 사회의 약자들이 당차게 자기 목소리를 내는 것은 어려웠고, 또한 목소리를 내도록 훈련받지 못했다. 아동이 그랬고 여성이 그랬다.

현장에서 일하는 종사자들이 '보호의 대상'인 아동을 위해 일할 때는 별 어려움 없었으나 아동인권교육 훈련을 받은 후 '권리주체자'인 아동과 함께 일할 때 어려움을 느끼게 되는 것은 당연한 일이다. 아동도, 종사자도 함께 각자의 목소리를 내고 서로의 목소리를 경청하고 서로 다른 생각과 의견이 비중 있게 다루어져서 아동 최상 이익의 원칙이 실현되도록 훈련하고 연습해야 한다. 종사자들은 아이들의 목소리를 신중하게 들을 준비가 되어있어야 한다. 아동이 미숙하다 해도 그들의 견해를 존중하고 그들의 생각에 비중을 두어 그들의 의견이 존중되고 충족되는 경험을 하도록 종사자들이 먼저 연습하고 훈련해야 한다. '아동과 함께 일하는 것'은 '아동을 위해 일하는 것'과 다르다. 예전에 일하던 방식과 다른 접근이 요청된다. 성취된 결과도 중요하지만 그 결과를 만들어가는 과정이 더 중요하다.

함께 일하는 아동의 성숙도에 맞게 아동에게 정보를 제공하고 컨설팅해주고, 아동에게 권한을 위임해 그들 스스로 자력화를 이룰 수 있도록 해주어야 한다. 그동안 어른들은 아동을 위한다는 명목으로 수많은 사업을 기획하고 수행했으나 아동들은 "그것이 어떻게 우리를 위한 것이냐?"고 묻는다. 유엔아동권리협약을 준거로 일하는 우리는 아동의 기본권과 일반원칙들이 적절하게 작동할 때 비로소 아동의 권리가 보호되고, 존중되며 실현된다는 사실을 명확히 알아야 한다.

우리가 누구든, 어떤 일에 종사하든 우리 모두 권리주체자이지만 동시에 의무이행자임을 알고 그 책무성을 강화함으로 의무와 책임을 다해야 한다. 아동 역시 자신이 권리주체자임을 알고 자기의 삶에 영향을 주는 사안에 적극적으로 참여함으로 자신들의 권리가 보장됨과 동시에 타인의 권리를 존중할 줄 아는 의무이행자의 역할도 감당하는 역량 있는 우리 사회 시민이 되어야 한다. 이렇게 권리주체자와 의무이행자 간의 선순환 관계가 이루어질 때 비로소 인권 친화 환경이 조성되고 서로 존중하는 문화가 형성될 수 있다.

아동인권교육훈련, 왜 훈련인가?

사람들이 자주 묻는다. "운동하시죠?", "무슨 운동 하세요?" 일터에서 만나는 지인들은 고령인 내가 힘든 기색 없이 가고 싶은데 가고, 하고 싶은 일 하고, 해야 할 일 감당하는 걸 보며 뭔가 숨겨진 건강관리의 비결이 있다고 생각하는 것 같다. 질문의 핵심은 '그 나이에 어디서 기운이 나 여전히 현장에서 일할 수 있느냐'는 것이다. 그들이 염두에 둔 운동이란 헬스나 피트니스 혹은 요가, 아니면 요즘 유행하는 필라테스 같은 걸 말하는 거 같다. 난 그런 시설에 다닐 여력도, 여유도 없다. 운동하느냐는 질문에 나는 늘 같은 답을 한다. "아니요!"

운동이라면 예전에 질릴 만큼 했다. 지금은 그냥 즐겁게 걸어 다니고, 산책하고, 출근길에 전철역까지 걸어가고, 계단을 오르고 내리는 것이 내 운동량의 전부다. 나는 아동기부터 청소년기에 이르는 동안 엄청난 양의 운동을 했다. 중고등학교 시절 학교 대표 농구 선수로 뛰었다. 농구는 정말 재미난 운동이다. 농구가 어떤 운동인지 모르는 사람은 없겠지만 농구선수가 되려면 어떤 훈련을 받게 되는지 아는 사람은 많지 않으리라 생각한다. 농구는 매력적인 스포츠다. 온몸으로 하는 운동일 뿐 아니라 두뇌 운동의 극치다. 그렇게 재미있고 신나는 스포츠를 즐기려면 넘어야 하는 훈련과정이 있는데 그 과정은 치열하다 못해 비참하다.

오래전 일인데 지금도 모교의 유명한 노천극장의 돌계단을 뛰어오르내리던 때를 생각하면 숨이 턱에 차오른다. 잔인하게 느껴지던 코치의 호루라기 소리가 아직도 귀에 들린다. 극기 훈련이다. 선수가 되어 농구공을 가지고 즐길 수 있기 위한 전제조건과 같이 받아야 하는 강훈련이다. 몸과 마음을 모두 훈련한다. 말이 필요 없다. 어떠한 불평이나 불만도 있을 수 없다. 묵묵히 달려갈 길을 달릴 뿐이다. 자신과의 고독한 싸움이다. '이러다 죽을 수도 있겠지'라고 생각한 적도 있다. 추운 겨울 날씨에도 뜨거운 여름 햇볕에도 막무가내다. 사시사철 뛰고 또 뛰었다. 나와 같이 사춘기를 겪으며 살던 다른 친구들과는 너무나 다른 모습으로 살았다. 친한 친구 중에는 10대에 피부관리를 잘해야 한다며 기초 화장품 8가지를 쓰는 친구도 있었다. 난 단 한 개의 기초 화장품도 쓰지 못했다. 내 얼굴은 언제나 땀범벅이었고, 피부는 늘 까맸다. 학교 이름을 빛내는 농구선수가 되려는 열망 외에 아무것에도 관심이 없었던 시절이었다.

유엔아동권리협약 제1조는 아동의 정의를 명시한다. "18세 미만의 모든 사람을 아동이라 한다." 협약 제1조는 태어나서 만18세까지의 인생 주기를 사는 사람을 아동기를 사는 사람이라 말한다. 한국의 교육제도를 기준으로 하면 태어나서 고등학교를 마치는 시점까지의 사람을 '아동'이라 부르는 것이다. '영아' '유아' '아동' '청소년' 등 다양한 호칭으로 불릴지라도 법적으로는 모두 '아동'이다. 내가 아동기에 치열하게 받은 신체 훈련은 내가 평생 건강하게 살기 위한 목표를 세우고 했던 것이 아니었다. 오롯이 모교의 이름을 빛내는 농구선수가 되는 목적 달성을 위한 노력이었다. 그러나 그렇게 받은 강훈련은 나를 평생 신체적으로 건강한 사람으로 만들었다.

한 사람의 아동기 경험은 그의 평생에 걸쳐 매우 큰 영향을 미친다. 따라서 아동기를 사는 아동은 그 시기에 성인들이 사용하는 언어, 말투, 눈짓, 행동 등 모든 것에 영향을 받는다. 부모가 자녀들에게 말과 행동을 신중하게 해야 하는 이유다. 이는 아동인권을 교육하고 훈련할 때 늘 강조하는 내용이다. 책에서 읽거나 누군가로부터 들어서 전달하는 것이 아니다. 교육을 진행하는 사람이 실제로 아동기에 경험하고 체험한 결과를 기반으로 전하는 믿을 만한 정보다. 실제 삶에서는 언제나 지식보다 체험이 중요하다. '체험을 통해 아는 것'이 '지식 통해 아는 것'보다 더 중요하고 설득력 있다. 사실 나의 신체 훈련은 청소년기에 시작된 것이 아니다. 훨씬 더 이전 초등학교 시절에 몰입했던 놀이에서부터 시작되었다. 고무줄넘기, 줄넘기, 말타기 등 다양한 놀이를 통해 몸과 마음을 단련했다. 어떤 목적이 있어서가 아니었다. 그냥 놀이가 신나고 재미있었기 때문이다.

어떤 놀이에도 다 같이 지켜야 할 크고 작은 규칙과 약속이 있었다. 아동기의 놀이는 아동에게 신체 훈련만이 아닌 양보와 협동을 배우게 하고, 공정과 평등을 알게 한다. 놀이를 잘하는 아이는 언제나 인기를 누린다. 아이들은 놀이 현장에서 함께 놀며 즐기는 기술과 능력을 기르고 지도력도 배운다.

나는 어릴 때부터 놀이를 즐겼고 몸을 쓰는 활동을 좋아했다. 집 안에서 지내는 시간보다 집 밖에서 보내는 시간이 훨씬 많았다. 나의 부모는 다른 부모들 못지않게 자녀 교육에 대한 열의가 남달랐지만 나는 태어나서 성인기에 이르도록 부모로부터 "공부는 언제 하니?"라는 말을 들은 기억이 없다. 무슨 일을 하든 즐겁게, 열심으로 했다. 놀이건, 스포츠건, 공부건 내가 원할 때 열심히 했다. 그러나 무슨 일이든 경쟁하지 않았고 일등에 욕심을 낸 적이 없다.

성인이 되어서 아동기와 청소년기의 다양한 훈련 과정과 경험들이 우리 삶에 절대적인 영향을 준다는 것을 알게 되었다. 강한 신체를 위해서 강도 높은 신체 훈련이 필요한 것처럼, 정서적·정신적 성장과 성숙을 위해서도 강한 훈련이 필요하다. 영적인 성장도 예외가 아니다. 영성 훈련 또한 많은 시간의 투자와 훈련이 필요하다. 신체 훈련 없이 운동선수가 될 수 없듯이 정신 훈련 없이 성숙한 인격체가 되기 어렵다. 신앙생활을 하는 사람이 교회나 사찰에 왕래하는 것으로 참 신앙인이 되는 건 아니다. 훈련 없이 준비되지 않은 채 사회로 나온 전문직 종사자들로 인해 사회가 오히려 어지럽다. 어떤 학교를 졸업했는지, 어떤 학위를 받았는지, 무슨 자격증을 취득했는지를 갖고 사람을 평가해 직원을 채용하는 일은 사실 위험한 일이다. 거기에는 위험 요소가 있다.

아동을 중심에 두고 일하는 아동복지 시설이나 보육 시설, 학교 등에 종사하는 사회복지사와 보육사, 교사들의 경우는 일단 소정의 정규 교육 과정을 마치고 현장에 들어서면 바로 아동을 만나 아동과 함께 살아야 한다. 학교에서 배운 지식과 정보는 머릿속에 넘치게 쌓여 있으나 그 내용이 머리에서 가슴을 통해 손과 발의 움직임으로 내려와 현장에서 적용되고 실천되기에는 너무나 큰 간극이 있다는 것을 뒤늦게 깨우치게 된다. 충분한 훈련과정을 통해 준비된 전문직 종사자가 아니면 실수하기 쉽다. 특히 아동복지 기관이나 아동 보육 시설에서 준비되지 않은 교사나 종사자가 현장에서 저지르는 실수는 어린 생명에 회복하기 어려운 치명적인 상해를 줄 수 있다. 정보와 지식의 전달뿐 아니라 현장 훈련 기간을 통해 충분히 준비되어 자격증을 받고 현장으로 나갈 수 있도록 전문가 양성기관의 교육 방법과 제도 개선이 요청되는 이유다.

내가 일하는 기관에서 진행하는 아동인권교육 훈련 과정에서는 참가자들이 아동인권 침해사례를 분석하는 훈련을 한다. 사례분석 시간에 사용하는 사례 중 어린이집에서 있었던 일로 언론에 보도되어 사회 이슈가 되었던 사례가 있다. 어린이집 교사가 4살 된 여자아이의 행동에 잘못 대처하여 아이의 옷을 벗긴 채 영하의 날씨에 아동을 밖으로 내보내 벌을 준 사건이다. 마침 행인이 이를 보고 사진을 찍어 제보하여 언론에 노출되어 사회 문제화 됐다. 이 사례를 다룬 신문 기사에 의하면 4살 된 아이의 처벌 가해 교사는 4년제 대학 졸업자였다. 교육 참여자들은 이 사례를 분석하면서 사건 발생의 직접적인 원인(Direct Cause)을 충분한 훈련 없이, 준비되지 않은 채 현장에 나온 교사의 자질 때문이라고 분석했다. 그러나 더 근본적인 이유(Root Cause)로 교사의 인성과 자질 등 교사의 역량 문제를 간과한 교사양성기관의 시스템에 문제가 있다는 분석이 제기됐다.

아동인권옹호가를 교육하고 훈련하는 것을 사명으로 일하는 우리의 작은 아동 NGO에서는 다양한 업종에 종사하는 사람들이 스스로 선택하고 찾아와서 참여하는 민주주의 참여식 워크숍 형태의 교육과정을 운영한다. 참여식 교육을 통해 참가자들은 스스로 아동에 대한 관점을 점검, 아동을 바라보고 이해하는 새로운 시각을 지니게 된다. 또한 아동을 대하는 자세와 태도를 스스로 점검하고 고쳐 나가며 아동에 대해 깊이 이해하는 훈련도 이루어진다. 아동의 특성과 발달 단계에 맞춰 대응하고 상호작용하는 마음과 기술도 터득하게 된다. 우리는 다양한 활동을 통해 '행함으로 배우는'(Learning By Doing) 과정을 거치며 교육이 앎에서 그치지 않고 삶으로 나가도록 이끈다.

인간은 몸을 단련하는 훈련과정을 통해 건강을 누리게 된다. 몸을 훈련하는 과정에서 어렵고 힘든 순간을 참고 견디는 인내를 배운다. 누구나 인생길에서 만나게 되는 시련과 질병, 그리고 고통을 견디는 힘을 키우며 강인한 성품과 정신력으로 무장한다. 참고 견디며 기다릴 줄 아는 성품으로 훈련된 사람은 다른 사람을 이해하고 공감하고 경청할 줄 아는 힘도 키우게 된다. 서로 영역이 다른 분야의 훈련인 것 같지만 이러한 훈련은 통합(Integration) 효과를 만들어 내어 한 인간을 이기적인 삶을 벗고 타인을 형제자매의 사랑으로 대하며 이웃 사랑을 실천하는 장으로 이끈다. 높은 가치관의 실현을 위해 이웃과 협력하고, 이웃을 이해하고 사랑하는 인격으로 성장하도록 돕는다. 우리 사회가 차별 없이 평등하며 정의로운 사회로 변하고 발전하여 '포함된 자들과 배제된 자들'이 함께 어우러져 공존하고 공생하는 멋진 공동체가 될 수 있도록 더 많은 멋진 인권옹호가들을 만날 수 있기를 기대한다.

이선영

옹호한다는 뜻의 영어 단어 'Advocacy'는 'add'(더하다)와 'voc'(목소리)의 합성어라고 한다. 단어 뜻 그대로 목소리를 더한다는 의미이다. 사회적으로 크게 들려지지 않는 목소리, 환영받지 못하는 목소리에 내 목소리를 더해서 조금이라도 더 크게 들릴 수 있도록, 더 많이 알려질 수 있도록 하는 것이 옹호 활동의 본질이다. 그래서 옹호가들의 일은 이 세상에서 누구의 목소리가 삭제되었는지, 어떤 사람들이 경청 받을 권리를 누리지 못하고 있는지 발견하는 것에서 시작한다.

그런 의미에서 아동의 권리를 옹호한다는 것은 더욱 특별하다. 아동은 목소리를 내기 어려운 상황에 놓일 가능성이 상대적으로 높기 때문이다. 어린 아기부터 청소년에 이르기까지 대부분의 아동은 성인이 될 때까지 가정과 사회의 보호가 필수적이고 양육자에게 의존할 수밖에 없다. 그런데 아직 자신의 감정이나 생각을 표현하는 방법을 배우지 못한 아기를 양육자가 방임하고 있다면, 집 밖에 다른 세상이 있고 믿을 만한 어른이 있다는 사실을 알지 못하는 어린 이가 가정에서 보호자에게 폭력을 당하고 있다면 이들의 목소리는 세상 밖으로 나오기 어렵다. 내 생각과 의견을 소신껏 표현했을 때 "어린 나이에 뭘 안다고", "어른들이 알아서 할거야"라는 반응만 듣게 된다면, 'No Kids Zone'이라는 안내가 곳곳에 붙어 있는 세상에서 살고 있다면 내가 존중받을 만한 가치가 있는 사람이라고 믿으며 자신있게 의견을 말하기 어려워진다. 그래서 우리는 아동의 목소리를 더 크게, 더 소중하게 들어야 한다. 심지어 들리지 않는 목소리, 문 뒤에 숨어있는 소리까지도 찾아내야 한다. 그래서 아동옹호가는 마을 곳곳, 온 세상 구석구석에 있어야 한다.

이 책을 통해 소개하는 글은 아동의 목소리에 조금이라도 힘을 보태고 싶은 마음에 틈틈이 썼던 글과 신문, 잡지 등에 기고했던 글을 모은 것이다. 아동을 옹호한다는 것은 나에게는 많은 순간 답답하고 슬프고 화가 나는 일이었다. 그래서 내가 쓴 글 또한 두서없고, 감정적인 너무나 부족한 글이다. 그럼에도 불구하고 책을 내기로 결심한 것은 이 책이 가닿은 독자라면 분명히 아동의 인권에 대해 고민하며 이미 아동을 옹호하고 있는 독자일 것이라는 확신이 있기 때문이다. 그분들의 손에서라면 나의 부족한 글과 서툰 생각들이 더 좋은 생각과 변화를 돕는 미약한 디딤돌이 되거나 더 나은 토론을 위한 소소한 계기가 될 수 있지 않을까 조심스럽게 기대해보고 싶기 때문이다.

이 세상 모든 아이들의 곁에 그들의 울음과 웃음, 아픔과 기쁨을 발견하고 그들의 목소리를 더 크게 들어주는 아동옹호가가 살고 있기를 바라며 부족한 글을 마친다.

책을 마치며

김인숙

2020년 말부터 우리 두 사람은 틈틈이 '우리 모두 아동옹호가 되기'를 꿈꾸며 옹호 이야기를 쓰기 시작했다. 당시 우리나라의 아동인권 침해 상황은 심각했다. 유엔아동권리위원회로부터 유엔아동권리협약 이행 5/6차 국가 보고서에 대한 권고문을 받은 직후였다. 해마다 아동이 가장 안전하게 보호받아야 하는 가정에서 상상을 불허하는 아동학대 사건으로 아동이 사망하는 사건들이 언론 매체를 통해 보도되었다. 급기야 2020년에는 가정에서 친부모, 양부모, 혹은 계부모에 의해 사망한 아동의 숫자가 43명에 이른다는 통계를 접하게 되었다.

그중에서 '양천 아동학대 사망 사건'은 이 나라가 아동이 살기에 안전하지 못함을 알리는 경종이 되었다. 1년 동안 가정에서 부모에 의해 학대받고 사망한 아동이 43명이란 숫자는 무서운 숫자다. 더욱 심각한 것은 이것이 결코 정확한 합계가 아니라는 것이다. 언론에 노출된 숫자일 뿐 가정이라는 울타리 안에서, 문 뒤에서 얼마나 많은 아동이 학대로 사망했는지 정확한 통계를 알지 못한다.

아동이 가장 안전하게 보호되어야 하는 가정에서 일어나는 일들, 나의 이웃에서 발생하는 일들이 아동의 귀한 생명을 빼앗아 간다고 생각하기가 쉽지 않다. 왜냐하면 상식적으로 상상을 불허하는 일이기 때문이다. 그러나 이러한 상황이 현실이 되고 있다. 남을 미워하는 것보다 남에게 무관심한 것이 더 큰 죄라고 한다. 우리의 무관심, 우리의 방관이 살릴 수도 있는 아동의 생명을 잃게 만들 수 있다는 경종을 들을 귀가 있어야 한다.

이 땅에 아동옹호활동에 다 함께 참여하는 운동이 일어나길 바라는 소망을 안고 우리는 글을 썼다. 2022년 2월에 우리가 쓴 글을 묶어 출판지원사업에 응모했다. 결과는 낙방이었다. 엄청난 경쟁률을 모르고 응모한 건 아니었다. 그러나 정작 낙방 됐을 때, 바로 포기할 수 없었다. 우리 글의 주제가 시의적절한 사회 이슈를 담고 있기에 쉽게 출판을 포기하기 어려웠다. 다시 원고를 세심하게 다듬고, 수정하고, 보완하는 작업을 거쳐 1년 뒤 2023년 2월, 출판지원사업에 재응모했다. 그러나 두 번째도 실패의 쓴맛을 보았다. 그때 우리는 우리 사회가 '아동', '아동인권' 혹은 '아동옹호' 등의 이슈에는 큰 관심을 보이지 않는다는 것을 인식했다.

사람들이 간과하거나 무관심한 주제에 우리는 왜 이렇게 집착하는 걸까? 사람들은 '우리 아이들은 안전하고 아무 문제가 없다'고 믿는 것 같다. 물질적으로 풍요로운 사회가 되었으니 아무 걱정 없다고 생각하기 쉽다. 상황이 위급해 보이고, 뭔가 하지 않으면 안 될 것 같은 위급함은 우리만 느끼는 걸까? 우리나라가 경제 대국 10위권에 들었다고 하여 자동적으로 아동의 안전 지수나 인권 지수가 10위권에 들어가는 것은 아니다. 경제 대국이라는 자부심 못지않게 아동인권 수준도 선진국 수준으로 올리고, 우리 아이들을 안전하게 지키기 위해서는 남다른 노력이 필요하다. 우리는 새로운 길을 찾아 나섰다. 우리가 왜 '우리 민족 아동옹호가 되기' 운동을 시작했는지, 우리 생각을 전하고 알려야 한다. 이해하고 동의하고 동조하는 사람들을 찾아 함께 해야 한다.

우리가 두 번 연거푸 출판지원사업 응모에 실패하고 실망이 컸지만 그렇다고 상황이 절망적인 것은 아니었다. 아동인권 교육훈련 퍼실리테이터로서 인권을 알리고 파급하는 옹호가와 훈련가를 양성하는 활동을 하면서 최근 중앙 정부와 지자체에서 감지되고 있는 변화는 우리에게 희망을 던져줬다. 아동친화도시 인증을 받은 지자체들이 그들 지방정부 안에 아동옹호가와 아동인권 강사를 양성하기 위해 전문기관에 강사양성 과정을 의뢰하기 시작한 것이다.

놀라운 것은 2023년 한 해 동안 경상남도, 전라북도, 제주도 등지의 5개 지자체에서 아동인권 옹호가와 강사양성을 위해 긴 교육훈련 과정을 진행한 것이다. 새롭게 양성된 지방자치단체 아동옹호 전문가들과 아동인권 교육훈련 강사들이 지역사회 구성원들의 인권 의식을 증진하고 그들의 인권감수성이 향상되어 아동인권 친화 환경과 문화를 조성하는데 기여하게 되었다. 이렇게 준비된 아동인권 옹호가들이 많은 시간 공들여 배운 지식과 정보, 기술과 태도를 적절하게 적용하면서 지역사회 구성원들에게로 옹호 활동이 퍼져나가 이 땅에 아동옹호 문화가 조성되길 간절히 바란다.

아동인권이나 아동옹호는 한 번 배우고 끝나는 것이 아닌 평생 생각하고, 연구하고, 준비하면서 실천함을 통해 숙련된 일꾼으로 살게 되는 과정이다. 이 과정에 우리의 생각과 경험을 담은 이 작은 책이 옹호 활동가들 가까이 놓인 유익한 자료로 활용되길 기대한다. 이미 아동인권 교육훈련의 강사로 양성된 분들과 옹호 전문가로 활동하는 일꾼뿐 아니라 약하고 작은 자들을 옹호할 따뜻한 마음을 가진 우리 사회 모든 사람에게 친구처럼 다가가는 책이 되길 간절히 소망한다.